ANDREA BRACELIS

EMOÇÕES E COMIDA

Psicomagia e amor na cozinha

ANDREA BRACELIS

EMOÇÕES E COMIDA

Psicomagia e amor na cozinha

ns
São Paulo, 2021

Emoções e comida: psicomagia e amor na cozinha
Copyright © 2021 by Andrea Bracelis.
Copyright © 2021 by Novo Século Ltda.

EDITOR: Luiz Vasconcelos
ASSISTÊNCIA EDITORIAL: Tamiris Sene
TRADUÇÃO: Luisa Geisler
PREPARAÇÃO: Flavia Cristina Araujo
REVISÃO: Ira Borges
DIAGRAMAÇÃO: Plinio Ricca
ILUSTRAÇÃO DE CAPA: Paula Monise
MONTAGEM DE CAPA: Plinio Ricca

Texto de acordo com as normas do Novo Acordo Ortográfico
da Língua Portuguesa (1990), em vigor desde 1º de janeiro de 2009.

Dados Internacionais de Catalogação na Publicação (CIP)
Angélica Ilacqua CRB-8/7057

Bracelis, Andrea
Emoções e comida : psicomagia e amor na cozinha / Andrea Bracelis ; tradução de Luisa Geisler. -- Barueri, SP : Novo Século Editora, 2021.
176 p.

1. Autoajuda 2. Alimentação I. Título II. Geisler, Luisa

21-1293   CDD 158.1

Índice para catálogo sistemático:
1. Autoajuda 158.1

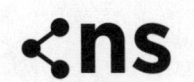

<ns
Uma marca do Grupo Novo Século

Alameda Araguaia, 2190 – Bloco A – 11º andar – Conjunto 1111
CEP 06455-000 – Alphaville Industrial, Barueri – SP – Brasil
Tel.: (11) 3699-7107 | E-mail: atendimento@gruponovoseculo.com.br
www.gruponovoseculo.com.br

Sumário

Prefácio 7
Prólogo 11
Capítulo 1 – Quantas emoções em um prato...................15
Capítulo 2 – Perdão..27
Capítulo 3 – Raiva...43
Capítulo 4 – Obter coragem 61
Capítulo 5 – Soltando e avançando 83
Capítulo 6 – Um encontro inesquecível 89
Capítulo 7 – A conexão com o nosso corpo...............115
Capítulo 8 – Despertando o corpo........................133
Capítulo 9 – Cultivando o corpo como um todo 149
Capítulo 10 – Pratique o que você fala 161
Conclusão...173

Prefácio

O que levamos por dentro que precisamos colocar para fora, libertar ou transformar? O que nos move a cada dia ou talvez nos deixa paralisados? Que vazio queremos preencher e com o quê? O que estamos segurando por dentro que pesa, atrofia e engorda?

Com essas simples perguntas ofereço o convite para abrir seu portal de cura e para isso deixo como prefácio as palavras sábias, cheias de esperança e oportunidades, de meu amigo Rogerio Luna.

Mágoas

Mágoas e sua impureza. A mágoa surge em nós quando alguém age com grosseria, sendo insensível ou injusto. Em muitas ocasiões, a outra pessoa nem se lembra mais do que aconteceu e está seguindo sua vida. Mas, toda vez que nos lembramos do que causou a mágoa, é como um estilete passando por nossa alma, e vai cada vez mais se aprofundando.

Estamos falando de nós, espíritos encarnados no caminho da evolução espiritual. Ninguém é perfeito; cometemos erros e magoamos as pessoas mais próximas. O perdão pode ser difícil, mas ao superar esse desafio você fica leve, alegre e em paz. Perdoar significa mudar os ressentimentos, mágoas e culpas. O ressentimento é silencioso, compromete a saúde e a alma, revivendo uma dor do passado, revirando algo que não existe mais. A mágoa toma grandes proporções quando você lhe dá muita atenção. Cada sentimento ao qual você dá atenção se tornará intenso. Então perceba seus pensamentos que estão mantendo a mágoa e pare de se alimentar desses pensamentos.

As pessoas só fazem conosco o que permitimos que façam, ninguém pode machucá-lo se você não quiser. Você escolhe os pensamentos e sentimentos que deseja dar atenção. Veja se alguma coisa em sua vida se transformou em mágoa. Veja se você tem um desconforto físico ou emocional, aperto no peito, raiva ou dor. Mágoas são águas ruins que machucam o coração e precisam ser purificadas.

Permita-se perdoar ao perceber que você também cometeu um erro, e as pessoas muitas vezes agem assim por medo de serem rejeitadas ou desprezadas. E como você está ciente desse aspecto da vida, fica fácil perdoar, porque não há ninguém para perdoar além de si mesmo. E você não pode perdoar ninguém se não se perdoar primeiro. Não deixe a dor penetrar em você e não conviva com isso durante a sua vida.

Temos que nos livrar dessas tristezas para viver melhor. O momento de felicidade é agora; busque caminhar e conviver com as pessoas que ama e contribuir com o próximo. Mas pense no que está lhe causando infelicidade. É possível mudar? Se não, adapte-se à situação, pois toda raiva e todo ressentimento nos sintonizam com os espíritos inferiores. Relacione-se com o próximo no sentido de compreensão e aceitação, desta forma, em sua caminhada não terá nada a perdoar. Ame e impeça que a mágoa se estabeleça em sua vida, com compreensão, tolerância e paciência.

Rogerio Luna

Prólogo

 Domingo, 10 de maio de 2020, Dia das Mães, 6h37, 11º Celsius e eu de olhos abertos como sementes de abóbora, recebendo um milhão de estímulos celestiais para escrever meu segundo livro. Tento me enganar e me convencer de que o calorzinho da cama e os roncos do meu marido formam o ambiente perfeito para continuar deitada, mas não adianta. Não consigo impedir essa torrente de pensamentos e imagens que começam a surgir na minha cabeça. Após uma hora de luta interna, estou sentada à bancada da minha cozinha com o meu cão Phillip, o meu copo de água morna, embrulhada da cabeça aos pés, vela e incenso acesos, queimando folha de louro, o coração batendo intensamente com emoções de gratidão por essa nova oportunidade de espalhar minhas palavras por aí, tendo Deus presente como meu mentor. Guias e anjos, recebo essa nova oportunidade com muitos agradecimentos.

 Cinquenta e três dias em quarentena. Sim, eu quase me esqueci desse pequeno detalhe: desde 19 de março estou com meus três restaurantes fechados, trancada em casa, apenas saindo para comprar coisas básicas; posso contar nos dedos de uma mão só os rostos com os quais interajo ao vivo, estamos com um distanciamento social severo...

Bem, pelo menos para quem o respeita. Acho que até os mais solitários e apáticos sentem que o Universo pesou um pouco a mão com esse novo desafio.

Não preciso entrar em detalhes sobre essa etapa da COVID-19 em nossa vida – temo que seja apenas o início de uma grande transformação e não é o motivo deste livro, embora confesse que me proporcionou um ambiente propício à escrita. Todas as dificuldades, cada mal, cada desafio, cada crise tem seus momentos e oportunidades positivas. Tenho certeza de que com essas poucas linhas dedicadas ao vírus, ao ler estas palavras, milhares de lembranças e emoções surgirão à flor da sua pele, algo como quando na adolescência nos lembramos daqueles amores trágicos e sofridos!

Sem ser arrogante, devo confessar que este livro tem grandes intenções que poderiam ser justificadas por diversos motivos, em especial porque, desde que venci o câncer de mama, tenho vivido mais intensamente, com mais consciência e presença – mas ao mesmo tempo com mais leveza. Estou mais madura, já me aproximando dos cinquenta anos a largos passos; inevitável não ouvir a voz da minha mãe quando escrevo esse comentário, corrigindo-me: "Dere, você tem 47 anos, vai fazer 48 e não 50, você é uma menina, me escute".

Nos quatro anos depois do episódio de meu câncer de mama, vivi tão intensamente e com a maior consciência possível, acumulando e colocando estudos, livros, histórias de vida, tudo isso em prática, para evoluir cada vez mais e poupar dores e trabalhos para minha próxima reencarnação. Nada como se projetar no futuro.

Enfim, como no primeiro livro, continuaremos falando sobre emoções, porque são elas que movem nossa vida, nosso mundo, e isso, em um momento em que as emoções de cada pessoa e de cada família estão tão ativas, me parece propício.

Espero que com este livro você possa viver melhor e com mais plenitude, mais presença, e que descubra seus rituais para transformar sua vida. Boa viagem, a vida é maravilhosa.

Capítulo 1

Quantas emoções em um prato

Imagine um prato branco, de sopa, vazio. Descrevo um prato fundo, porque tenho medo que todas as suas emoções não caibam e se esparramem pela mesa, pelo chão, pela terra e cresçam.

Agora, imagine que em vez de um prato, você receba uma panela para preparar a comida para uma família. Uau! Cabe muito, mas muito mais; tantas emoções mais, tantos sentimentos em um único recipiente.

E agora imagine que você prepara a comida para servir em um restaurante. Pense no volume da comida servida, pense nas bocas alimentadas, nos fluxos sanguíneos que carregam todos esses nutrientes, nos órgãos alimentados, nos corpos oxigenados, pense.

No meu primeiro restaurante, que tem 38 lugares, eu e minha sócia Débora contávamos quantas pessoas alimentávamos por mês – eram mais de 1.500. Na época das pré-eleições políticas no Brasil, eu dizia a ela: "Imagine o poder de alcance que teríamos, se juntássemos um panfleto político a cada prato. Poderíamos influenciar na escolha de quem vai ser o presidente". Não tenho dúvidas de que foi nesse dia que ela descobriu que a sua sócia era atípica, quase louca e sonhadora. Confesso que ainda penso dessa forma, mas mais convencida.

Deixando o riso e a modéstia de lado, agora que você já fez essa jornada mental comigo, terá uma capacidade maior de entender o alcance que o ato de cozinhar tem em nossa vida, em nosso planeta, em nossas ações. Sem contar o impacto que tem na nossa natureza – desde a fauna e a flora, e todos os ecossistemas existentes –, o alimento é vital porque faz parte da roda da vida do início ao fim, desde seu brotar até chegar em seu prato, até virar resíduo.

Muitas vezes, buscamos coisas extraordinárias para transformar nossas vidas, para ajudar os outros; esperamos quase um milagre, mas os milagres não estão sob nosso controle. Eles pertencem à inteligência suprema. Nosso desafio é transformar a nossa vida e a dos outros por meio de coisas simples que estão ao nosso alcance – coisas terrenas e palpáveis que podemos tornar mágicas. Existem várias dessas coisas, e eu fui abençoada com a magia da cozinha, uma ferramenta de alquimia que transforma vidas e, por isso, sou profundamente grata ao Universo.

Deus, a fonte, Buda ou quem quer que inspire você e seja o seu guia, quer que sejamos felizes e vivamos plenamente nesta fase terrena, por isso tudo que precisamos para ser felizes está na simplicidade e ao nosso alcance – Deus é justo, nunca se esqueça disso.

Fomos ensinados, desde a infância, que as coisas boas e a felicidade têm um preço alto e devem ser difíceis de alcançar. Mas a verdade é que tudo é muito fácil.

A cozinha desperta os amores mais profundos e as emoções mais sombrias, desde o momento de preparar ao momento de comer, considerando-se ainda "cozinhar" desde o ato da compra do alimento até a montagem de um prato. Mesmo que não seja você quem prepara a comida ou o prato, é um momento muito importante e de alcance infinito; alimentamos nosso corpo, acumulando excessos e descartando resíduos que nos permitimos largar.

Não sei ao certo em que ano eu li – só sei que foi há muito tempo, mas ele não me sai da cabeça – o livro *Psicomagia*, do iluminado chileno Alejandro Jodorowsky. Vale a pena ler para se empoderar ainda mais.

É um livro que descreve a magia do poder de transformação que todos temos e a que temos direito – uma magia natural, inata, poética e simples como a de cozinhar.

Se precisam de uma descrição menos romântica da psicomagia, podemos dizer que é uma técnica terapêutica que une psicologia, intuição, misticismo e arte com um propósito de cura. Por meio de atos simbólicos que podem ser interpretados como rituais pequenos, mudamos percepções, situações e aquilo que o inconsciente dá como certeza.

Com meus estudos e experiências de hipnose clínica – que tem muito em comum com a psicomagia –, pude compreender ainda mais as oportunidades infinitas de transformação que temos diariamente em nossa vida. Só precisamos estar presentes para reconhecê-las e usá-las.

Acredito que cozinhar deveria ser, se não o for, a ferramenta mais completa e poderosa de transformação. E se você estiver lendo este livro e pensar "Eu odeio cozinhar!" ou "Não sei cozinhar", devemos transformar esse sentimento para liberar o ódio, a insegurança e o medo de nos comprometermos, de mostrar e expressar nossas emoções.

Assim, vamos descobrir que em um ato tão doméstico e básico se encontram histórias de vida e sentimentos passados de geração em geração, por vidas e vidas desde os tempos bíblicos antes e depois de Cristo, que existirão para sempre.

É uma ferramenta tão forte e poderosa que nos marca para a vida toda, ancorando nossa infância e momentos importantes. Podemos nos esquecer de milhões de detalhes, mas nunca de nosso prato preferido, e se era preparado por nossa mãe nos transporta ainda mais rápido no tempo.

Quando meus filhos eram pequenos e queriam se sentir em casa e abraçados por carinho maternal, sempre me pediam por "arroz laranja" (feito com um tempero típico do Caribe que dava-lhe essa cor) com milho e costeleta de porco.

Se você ainda duvida do poder da cozinha, apenas me deixe dizer que no final da vida, quando estivermos prontos para desencarnar, a vontade de comer um prato ainda permanece. Esse desejo não se extingue, então imagine tudo o que um prato pode representar.

Para aqueles que estão sob cuidados paliativos – que é uma prática de assistência a pacientes com alguma doença incurável e que aguardam o fim desta vida terrena –, a comida é uma ferramenta de conforto que alivia a dor, preenche a solidão e a ausência de entes queridos, acalmando a pessoa em seus últimos dias. Quando, por algum motivo, a ingestão da comida não é possível, o impacto é muito forte, porque o desejo que o alimento deixa na mente permanece. Então, se você tem uma pessoa que está passando por isso, se ela tem algum problema de alimentação, pergunte a ela o que tem vontade de comer – mesmo que faça isso com dificuldade e coma pouco, permita a ela encontrar a si mesma diante desse prato, permita essa viagem astral que lhe trará milhares de memórias e emoções, que despertarão os seus cinco sentidos: o olfato por meio dos aromas, a visão pelas cores dos ingredientes e a montagem do prato, o tato pela temperatura e textura dos alimentos, a audição pelos ruídos sutis do nosso corpo que surgem no processo de digestão, que se inicia com o simples ato de mastigar a primeira bocada, e o paladar, a explosão de emoções e memórias do mais amplo espectro de sentimentos, positivos ou negativos, de alegria ou tristeza, de amor ou desgosto. Permita a essa pessoa essa viagem astral.

Um prato de comida pode ser muito simbólico, tanto que existem várias culturas no mundo que têm preparações especiais para celebrar ou homenagear a partida de entes queridos. Da cultura palestina, tenho nas memórias de minha infância a preparação do prato "Tasca". Confesso que precisei pesquisar na internet se estava digitando o nome corretamente, mas a verdade é que não encontrei nada sobre ele, o que me surpreende; mas só preciso mergulhar em minhas memórias para resgatar as sensações que acompanham esse prato. Ele é preparado com cordeiro e arroz árabe, que leva curry e macarrão cabelo de anjo. Em um recipiente refratário retangular são colocados pedaços de pão ensopados com o caldo do cordeiro, que é muito aromático, e por cima são dispostos os pedaços de cordeiro, regados novamente com o caldo e, por fim, o prato é finalizado com uma cobertura de arroz, e levado à mesa. Não sei os condimentos específicos usados no caldo, acho que já vi algumas folhas de louro além dos temperos básicos. Peço desculpas à colônia palestina se errei na descrição: é o que minha percepção de criança conseguiu captar.

O cordeiro aparece várias vezes na história da humanidade em textos religiosos. "Cordeiro de Deus" foi uma expressão usada no Cristianismo para se referir a Jesus Cristo identificado como o Salvador da humanidade, que foi sacrificado para nos salvar do pecado original – com frequência, ele é simbolicamente representado por um cordeiro com uma cruz.

Encontramos essa descrição também no Evangelho e no Novo Testamento, em que João Batista diz "Cordeiro de Deus que tira os pecados do mundo".

Talvez eu erre alguma particularidade do prato, mas se eu pudesse descrever o aroma e replicar o cheiro, não erraria nenhum detalhe – é um aroma muito peculiar, um aroma forte, de gordura cozida em caldo, que fica impregnado por toda a casa onde foi preparado, um cheiro quente que envolve e acalenta os familiares enlutados, dando conforto e companhia a convidados, amigos e familiares para se despedirem do ente querido. O prato tem um preparo sem brilho, não é visualmente atraente, nada de aparência gourmet, mas era apreciado pela maioria dos participantes que em muitas ocasiões lotavam até o lado de fora da casa do falecido, chegando às ruas, onde esperavam por um café árabe para comentar a partida do finado, e as cores das roupas dos participantes – em preto, branco e tons de cinza – complementavam o clima de saudade pela partida do ente querido.

Bem, acho que depois dessas primeiras linhas do livro devo lembrar ao leitor que tudo o que eu disse não é para que se olhe para a cozinha com mais medo e timidez ou como um desafio, muito pelo contrário.

Não é por acaso que o trabalho de cozinhar em casa é feito principalmente pelas mães ou esposas – que machismo! – e não o contrário. Podem me chamar de condescendente, e não estou tirando o crédito dos homens que participam desse processo. É que simplesmente a cozinha não poderia partir de outra fonte que não fosse a mulher, pois fomos nós as escolhidas por Deus para procriar, para trazer ao mundo, para multiplicar – e cozinhar é um ato feminino por natureza e essência divina. Cozinhar é como um parto, um nascimento, a união de diferentes ingredientes da natureza que no final nos dão uma criação que reflete a nossa história de aromas, texturas e sabores – a nossa genética familiar, as nossas memórias à mesa. É por isso que o corpo feminino nasce com a capacidade de amamentar quando trazemos vida a este mundo. Somos capazes de produzir a comida mais perfeita para recém-nascidos, com a composição química perfeita para fornecer a melhor imunidade para enfrentar este novo mundo. Então, não podemos duvidar de que cozinhar é um dom feminino que, pela osmose de convivência, se impregnou no gênero masculino. Convido você a redescobrir essa terapia que está ao alcance de quase todas as pessoas e que nos permite expressar além do que podemos imaginar.

Nunca gostei de usar livros de receitas, porque cozinhar é uma arte, e a arte não se copia, se interpreta e depois se recria. O que adoro é olhar as fotos dos livros culinários, porque considero que os pratos de comida, principalmente aqueles com muitos vegetais, são maravilhosos, uma verdadeira obra de arte, e, ao olhar para cada um deles, descubro uma mistura de cores e sabores que acrescento à minha cozinha.

As pessoas sempre me pediram para escrever um livro de receitas, mas eu não posso, simplesmente porque acho um tédio! Peço desculpas pela honestidade, e isso não é uma crítica para quem se utiliza deles ou os escreve, pelo contrário, admiro quem tem essa disciplina e organização. Eu apenas não tenho essas características. Se eu tivesse que me sentar para medir e pesar todos os ingredientes e temperos, morreria de ansiedade! E já estou numa fase da minha vida em que busco apenas fazer aquilo que quero. Mesmo quando dou aula de culinária ou faço um vídeo, eu passo uma receita porque é necessário. Mas sempre faço questão de desmistificar a ideia de que as quantidades dos ingredientes são exatas – elas são mais um guia, um mapa que deve levar você para viajar dentro de sua história, resgatando suas memórias, os gostos, sabores e aromas que têm lhe acompanhado, as intensidades diferentes de doce e salgado que só lhe agradam porque existem sabores semelhantes, mas nunca os mesmos – e nesse momento de presença ímpar todos esses detalhes se transferem à preparação.

Por isso neste mapa de emoções da cozinha vou compartilhar algumas receitas da caminhada ao longo da minha história, de uma forma flexível, para que você possa interpretá-las e criá-las de acordo com a sua história e as suas emoções – para que você liberte sua alma dos sabores amargos.

Os sabores amargos devem existir em nossas preparações porque encorajam outros sabores e aromas; realçam até os sabores doces da *pacha mama* – da mãe terra ou de nosso interior.

Tudo na vida tem causa e efeito e na cozinha não é diferente, existe um *yin* e um *yang*, existe vida.

Adoro caldos, ensopados e sopas, isso vem da minha genética geográfica. Nascida no Chile um ano antes do golpe militar, minha terra me marcou no mundo culinário para sempre, como cada um dos cidadãos deste planeta; aqui está o poder da culinária mais uma vez.

Sopas, ensopados e caldos eram a forma de aplacar o frio intenso e a secura do inverno – a calefação não existia nem em sonhos, eram usados apenas alguns fogões que exalavam um cheiro insuportável de gasolina e que se acendiam com bastante cautela, dependendo da disponibilidade do bolso da família para comprar o combustível. Naquela época, já havia uma paixão por sopas no Chile, tão intensa que passaram a fazer parte do nosso cardápio de verão, em pratos chamados *cazuelas* – um caldo de carne ou frango cozido com um pouco de arroz para dar consistência e acompanhado de uma festa de vegetais frescos que começam a chegar na primavera e no verão – como milho, vagem, manjericão, feijão e outros.

A proteína animal não era o principal ingrediente na hora de montar o prato, porque não somos um país pecuarista e, antes do aumento da importação de alimentos, a carne era um luxo para nós – e continua sendo, lamento dizer, não pelos animais, mas pela intensa desigualdade social que ainda existe, cinquenta anos depois.

Esperávamos todo o inverno pelo calor, mas ainda continuávamos com as sopas no verão, talvez por nostalgia. Confesso que tentei passar esse gosto por sopas no verão para meus filhos; não deu certo: toda vez que faz calor e uma sopa de lentilhas ou um ensopado espera por eles à mesa, ouço meus filhos reclamarem que mesmo com 30ºC de temperatura sigo preparando sopas. Apesar das críticas, continuo insistindo, mas me resta pouco tempo para influenciá-los.

Com meu marido, tive mais sorte – aos poucos, em nossos dez anos juntos, fui conseguindo desenvolver nele um apreço por sopas, sentimento esse que estava escondido bem no fundo de sua genética culinária. Nascido em São Paulo, no Brasil, filho de pais catalães que gostam de sopas e caldos, ele tinha que ter essa tendência escondida. Nesses dias de quarentena, quando preparo uma sopa, eu mando uma porção para meus sogros, porque as sopas sempre me inspiraram amor e carinho, principalmente o amor maternal, esse amor protetor. Esses são os sentimentos que surgem quando preparo sopas, e, de certa forma, eu os distribuo entre as pessoas que amo e quero cuidar.

Existe uma sopa na minha história familiar que, não importa o frio ou o calor, é sempre infalível: a canja de frango em dias de resfriado ou em dias de algum desconforto físico ou emocional. É imbatível. Desde pequenos, quando acamados, meus filhos tomam esse caldo preparado com um pouco de frango, arroz ou macarrão, batata e cenoura. É uma forma de amenizar minha frustração por não conseguir acabar com o mal-estar deles, a impotência da mãe, uma forma de dizer que estou ali, firme e forte. A psicomagia da minha canja nunca falha, e até hoje, que estão mais velhos, uma canja é bem recebida para aliviar sintomas de qualquer desconforto.

Sopas e caldos existem em todas as culturas, independentemente do clima – se estiver muito calor, temos sopas geladas. Na medicina *ayurveda* – o sistema de saúde milenar que vem da Índia e que visa restaurar o bem-estar físico e emocional principalmente por meio da alimentação –, acredita-se que o principal fator para uma boa saúde e um corpo equilibrado seja o *agni*.

Agni é o fogo digestivo que carregamos dentro de nós – é literalmente como uma fogueira: quente, aromático, seco e penetrante. Se essa chama perde a intensidade e se apaga ou enfraquece, nossa capacidade de digerir os alimentos e absorver nutrientes diminui, enfraquecendo nosso corpo e prejudicando nosso sistema digestivo, principalmente o intestino, que precisará se esforçar ainda mais.

Por esse motivo as sopas são excelentes remédios para nosso organismo; quando ele está desequilibrado por algum desconforto físico ou mental, elas são como pequenas carícias internas que podemos proporcionar ao nosso corpo. Como o prato é quente, com bastante líquido e com todos os ingredientes bem cozidos, é de fácil digestão – já que no preparo esse processo foi avançado, quebrando as fibras e liberando nutrientes.

Caldos e sopas têm o poder de nos ajudar a perdoar, acariciando nossas feridas internas. Começam com os lábios e a língua, que seguram as palavras não ditas, depois com a garganta e a traqueia que engolem as palavras mais dolorosas, passando pelo estômago tenso e reprimido pela dor de anos passados, continuando até o intestino para nutrir nossas necessidades, as carícias pendentes. É por isso que devem fazer parte do nosso cardápio.

Entre os quatro e os seis meses de vida, quando são introduzidos novos alimentos aos bebês, oferecemos mingau, sopas ou cremes porque eles são muito frágeis e incompreendidos pela falta de linguagem e comunicação. Essas carícias internas por meio da comida vão fortalecendo seu fogo interno para prepará-los para a vida.

Caldos e sopas devem fazer parte do cardápio de inverno e de verão. No inverno com mais frequência porque no frio somos mais hostis e menos alegres: ficamos com raiva, brigamos e nos machucamos com mais facilidade. A sopa nos acaricia internamente e nos acolhe, suavizando nosso temperamento, curando as feridas, ajudando-nos a perdoar aqueles que nos magoaram.

No verão, as sopas devem continuar em nossa dieta com frequência suficiente para nos lembrar dos dias frios e escuros mesmo em épocas de sol. O difícil não é orar nos dias de inverno e escuridão – o difícil é continuar orando em dias de sol.

Vivemos tempos de excessos, em que associamos emoções a quase tudo que nos rodeia – e a comida não é exceção. Embora no início eu tenha falado das emoções e dos sentimentos que a comida sempre pode trazer, até os nossos últimos dias de vida, o complicado e prejudicial está em conter emoções negativas ou exageradas que nos tiram do equilíbrio e consequentemente de nosso bem-estar, trazendo problemas de saúde como obesidade, diabetes, problemas de tireoide, colesterol, hipertensão e tantos outros males causados ou estimulados por uma alimentação ruim, tanto em qualidade como em quantidade.

Capítulo 2
Perdão

O primeiro passo para começar a liberar nossa alimentação das emoções é praticar o mais nobre dos hábitos ou comportamentos – o perdão. Aprender a perdoar a cada pessoa que em algum momento nos feriu consciente ou inconscientemente, será seguido pela magia da transformação interna, pois o oposto do perdão é a estagnação, nada flui, não há movimento, então, não há troca de coisas e sentimentos. Sem perdão não há crescimento pessoal, não há evolução, não há transformação.

O perdão é o hábito que devemos praticar com mais frequência e constância em nossa vida. Em um mundo tão agitado e estressado, com tantos desafios, muitas vezes soltamos palavras e comentários sem parar para pensar o quanto ferimos ou ofendemos quem os recebe. Obviamente, existem feridas maiores e mais marcantes, mas o perdão se aplica a todas elas.

Perdoar é a maior demonstração de amor próprio. O amor aos outros ou a quem nos magoou é consequência desse amor próprio, desse perdão. Quem se ama perdoa aos outros e a si mesmo.

O perdão é um símbolo de liberdade: quem se ama se permite ser livre. O perdão é para o benefício de cem por cento de quem foi ferido e magoado e não apenas daquele que causou a mágoa. Se não perdoamos, abrimos espaço para muitas emoções negativas que nos desgastam física e mentalmente; quanto mais negarmos esse perdão, mais desgastados sairemos desse lugar, pois em algum momento teremos que sair e deixar de nos prender a todos esses sentimentos. Dependendo do momento, pode ser tarde demais e teremos que continuar pela vida como uma planta ressecada que implora à terra para mantê-la em pé.

Perdoar permite que você seja leve e transite pela vida de forma suave e harmoniosa – se você não perdoa, uma parte sua fica rígida, presa em um passado que não temos controle para mudar, seu interior fica cheio de bagagens pesadas e duras, e cada dia que avança na estrada da vida parece ser mais desafiador. Perdoar é uma oportunidade infinita que nos damos para renascer, para deixar espaço e receber todo o bem que existe, tudo que merecemos, tudo que almejamos em nossa vida, para superar o que precisamos. O perdão depende única e exclusivamente de quem sofreu a dor ou a ofensa – por isso o perdão é divino, pois só aquele que é ferido pode criá-lo, aceitá-lo ou rejeitá-lo. Aqui está mais uma prova de que essa luz ou ser superior que nos ilumina é justo e maravilhoso, pois tornou o perdão disponível a todos os feridos – Ele é misericordioso.

Perdoar não é um ato espontâneo, não é fácil, requer consciência e apreço por nossa vida. É essencial entender o quanto somos privilegiados por estarmos vivos nesta fase terrena, por lutar de forma incansável e constante contra as palavras e lembranças que pretendem nos aprisionar ao passado e não nos deixam evoluir. Se não perdoamos, temos dificuldade de respirar, nossa respiração fica curta e pesada, suprimindo assim todo o oxigênio do corpo, enfraquecendo-nos com sutileza, de forma invisível. Se não perdoamos, sofremos – e o sofrimento é opcional, porque depende da oportunidade que nos damos de seguir em frente, de deixar ir. O perdão está ao alcance de todos.

Para perdoar, precisamos ter maturidade para entender que não somos mais crianças e que nem sempre as coisas acontecem da maneira que queremos, que nada é perfeito. Dito isso, todos nós, adultos, temos muito a perdoar. Todas as situações que nos magoaram ou ofenderam em nossa infância ou juventude devem ser enfrentadas ao atingirmos a maturidade – senão, elas se tornam padrões e amarras que nos complicam na convivência, nas nossas relações.

É preciso maturidade para ter compaixão e para entender se a pessoa que lhe ofendeu realmente tinha a capacidade ou as ferramentas para agir ou responder de outra maneira. E aqui está a chave para o perdão mais essencial de nossa vida, o perdão que é a base e a plataforma para todos os demais: o perdão para os nossos pais.

Sim, eu me atrevo a dizer que todos temos algo a perdoar em nossos pais; talvez não seja cem por cento consciente – talvez seja algo que foi ocorrendo lentamente ao longo do tempo, de forma diluída. Mas existe, e é vital. Existe porque, enquanto houver relações entre humanos, sempre haverá divergências de opinião, interpretações erradas e outras oportunidades de ferir consciente ou inconscientemente, e nossos pais são as primeiras pessoas com quem nos relacionamos, por isso sempre teremos o que perdoar neles, qualquer ferida que inconscientemente tenham nos causado.

Para perdoar, você precisa de certa maturidade emocional ou trazer alguma parte dessa compreensão na reencarnação para começar o processo em uma idade mais precoce. Porque esse grau de maturidade nos permite entender que o que aconteceu e nos machucou não deveria ficar preso em nosso coração como uma emoção de dor, tristeza ou alguma outra emoção negativa. Esses sentimentos ou emoções negativas existem obviamente porque somos seres humanos com sensibilidade – mas não devem ter uma duração que lhes permita se ancorar em nós; eles devem ter uma duração suficiente para serem reconhecidos e transformados em aprendizado. Esta é a chave entregue pela maturidade: a compreensão de que tudo o que vivemos e não gostamos, e que parece negativo à primeira vista, é na verdade uma lição de vida para aprender e evoluir. Entramos no caminho certo da autocura e do autoconhecimento. Por isso o perdão é essencial e imprescindível nesse processo de desintoxicação da nossa alimentação.

Depois de dois anos trabalhando como *coach* de saúde, entendi que era indispensável ter uma ferramenta para ajudar meus pacientes com a parte emocional. Todos os transtornos alimentares, mesmo os mais comuns, como comer em excesso, têm uma base emocional por trás deles.

Sem uma ferramenta emocional, não importava quantas conversas ou receitas ou sugestões fossem passadas. Com o tempo, as pessoas voltavam aos velhos hábitos.

E, como dizem por aí: quem procura acha. O professor chegou no momento certo, sem eu precisar sair da minha cadeira. Um dia, fui contatada pelo famoso hipnotizador chileno Cristóbal Schilling para participar, contribuindo com a parte nutricional, de um seminário denominado "Psicologia da Nutrição".

Um mês depois de terminar meu tratamento de câncer de mama, era exatamente o estímulo que eu precisava para continuar em frente e retomar minha vida profissional, então embarquei para o Chile para me encontrar com um desconhecido com um currículo extenso de hipnose, o que dava certa possibilidade de sucesso a nosso encontro. Além disso, sempre era uma oportunidade excelente de rever minha família, ficar na casa da minha mãe e receber todos os seus mimos.

A minha participação foi interessante, uma experiência excelente e o passo necessário para aprender sobre hipnose e adquirir o livro de Cristóbal, *Por trás do pêndulo: Histórias de um hipnoterapeuta*. As suas narrativas de casos clínicos me convenceram e, poucos meses depois, participei de um curso intensivo de hipnose clínica.

Como a hipnose não é o objetivo deste livro, explicarei de forma muito simples e superficial que a hipnose é um método que utiliza diferentes técnicas para levar o paciente a um estado de transe no qual ele pode se conectar com plena consciência com seu interior ou subconsciente. Essa é uma descrição mediana que acrescentaremos para entender como subconscientemente todos os pensamentos ou momentos conscientes estão armazenados em sua mente sem que se lembre deles.

Essa ferramenta permitiu que meu trabalho de *coaching* se tornasse mais eficiente, e pude trabalhar com a ansiedade de forma mais eficaz para ajudar a acalmar aquela fome insaciável de tantas pessoas, que sempre tem um fundo emocional.

A hipnose tem sido uma porta incrível para entender o impacto de nossas emoções em nossa vida, em nossos dias, em nossa felicidade.

Ao longo das diferentes sessões, verifiquei que o perdão é, junto com o amor, a ferramenta mais vital para o crescimento humano, para a felicidade plena e genuína.

Depois de ter a honra e a bênção de trabalhar majoritariamente com vários adultos, descobri que todos nós temos coisas a perdoar da infância, e que em geral as primeiras feridas são causadas por nossos pais, consciente ou inconscientemente. Como já disse antes, é lógico que elas sejam causadas por nosso primeiro relacionamento humano, nossa primeira coexistência.

Por meio da hipnose, pude conduzir essas pessoas de volta à infância por um breve momento, para conversar com os pais, vivos ou já falecidos, e criar uma oportunidade para que abrissem o coração e lamentassem as feridas e os medos acumulados por circunstâncias da vida, para dizer as palavras não ditas, para chorar as lágrimas não derramadas. A expressão de paz e alívio refletida no rosto dessas pessoas faz parte das minhas memórias mais valiosas até hoje. Agradeço a Deus por essa oportunidade.

Nunca vi nenhum paciente que, depois de uma sessão em que conseguiu perdoar, saísse com o mesmo semblante de antes. É como se literalmente tivessem tirado um peso dos seus ombros, até a cor e o brilho da pele são diferentes, como se tivessem liberado estradas bloqueadas por dentro, e o oxigênio chegasse aos cantos mais escondidos do corpo, limpando e nutrindo cada célula.

Eles saíam da sessão com uma respiração mais leve e profunda, com o peito mais aberto, mais expandido – a leveza da vida era evidente.

Aplique a lei do perdão como gostaria que a aplicassem a você. Não se prenda a coisas desnecessárias, não deixe que a mente tente resolver coisas discordantes que não fazem sentido, coisas que já aconteceram e que não podem ser remediadas no presente, mas apenas com o coração. Quando não perdoamos, estamos enviando emoções negativas para essa pessoa e esse raio de energia retorna para nós, perturbando ainda mais nossa mente e enraizando esses sentimentos negativos em nosso coração.

O perdão deve ser completo, cem por cento, porque do contrário resta o ressentimento, que é uma forma de ódio de menor grau que ainda nos deixa presos. Lembre-se de que amor e ódio são sentimentos opostos e por isso estão na mesma frequência energética, apenas em polos diferentes: para que um exista, deve existir o outro, ou o outro deve ter existido. Se você não conseguir perdoar e ainda sentir muito ódio, procure o amor de igual intensidade que vive dentro de você. Se há ódio, que é uma vibração negativa, basta aumentar a frequência desse mesmo sentimento para que se transforme em amor: é por isso que se diz que o amor se torna ódio num piscar de olhos.

Por isso sugiro que para começar a descontaminar o seu prato de emoções, comece com o perdão. Isso vai abrir espaço para o novo, para a renovação.

Receita e psicomagia de Sopa de Abóbora e Nozes
Serve: 4 a 6 pessoas.
Objetivo: perdoar.

Se for possível, prepare esta sopa a sós, sem interferências. O ideal seria que a primeira porção fosse consumida a sós, sentado à mesa, com calma. Uma vela branca e flores brancas garantem o sucesso do processo.

Ingredientes:
- 1 moranga ou abóbora (Se possível, deve ser como aquelas usadas no *Halloween*, mas com a casca verde, escura por fora, que são as mais cremosas e adocicadas. Escolha uma que seja do tamanho da sua cabeça, para que possa carregar todos os seus pensamentos. Se possível, que tenha vários sulcos, para que penetre em suas memórias mais profundas)
- Um punhado de nozes sem casca
- 100 g de açúcar
- 1 colher (sopa) de iogurte natural
- Sal marinho
- Pimenta-do-reino moída na hora
- Azeite de oliva

Preparo:
Para todo o processo, sugere-se o uso de um avental de cozinha para que qualquer lembrança sangrenta que possa sair de dentro não respingue nas roupas.

Lave a abóbora com água morna, sinta seu peso com a mão direita e depois com a esquerda. Segurando a abóbora com uma das mãos, use a outra para lavar profundamente cada uma das ranhuras da casca com os dedos – penetre nos sulcos com os próprios dedos ou use um pano se necessário, enxaguando apenas com água. Comece a pensar nos seus perdões atrasados, seus perdões pendentes, esfregue e permita que venham à sua memória. Normalmente, a pendência mais pesada e difícil de sair, aquela que mais machuca e perturba; não se assuste, não entre em pânico, respire fundo e com calma. Se seus olhos começarem a se encher de lágrimas, deixe a abóbora debaixo d'água e se permita sentir suas emoções, deixe a água relaxar sua mente e se livre de tudo que achar necessário. (Não utilize cebola na receita para não estimular um choro fictício.)

Quando recuperar a calma e o fôlego, pegue a abóbora e complete o processo de limpeza.

Em uma superfície firme, de preferência sobre uma tábua de cortar, coloque a abóbora e seque-a delicadamente com um pano, sinta cada carícia em sua própria nuca e se dê o direito de chorar o quanto achar necessário. Respire. Observe a sua abóbora e procure o sulco mais profundo e marcado. Com uma faca afiada e de tamanho adequado, faça o primeiro corte, devagar e com cuidado, segure com firmeza para não permitir que a abóbora se mova. Como essa é a primeira abertura para suas memórias, sugiro que primeiro penetre a faca com cuidado e deslize-a para baixo, como quando partimos uma melancia. Respire.

Agora, à sua frente, você tem duas metades da abóbora, e no interior dela, com um pouco de sorte, muitas sementes. Remova as sementes delicadamente, preservando-as. Se achar necessário, pode começar a usar palavrões para ajudar no processo de limpeza interna. Xingue a quem tiver que xingar; todo tipo de insulto será permitido para fins terapêuticos. Prossiga e coloque as sementes em um recipiente.

Continue a cortar o restante da abóbora, use as fendas ou ranhuras como guia – isso vai ajudar no processo e no surgimento das emoções. Não se preocupe se os tamanhos não ficarem uniformes: todas as memórias têm diferentes importâncias e intensidades. Proceda com cautela, como se estivesse fatiando um melão. Finalize o processo no seu ritmo.

Agora, sobre a tábua, estão todas as fatias ou pedaços da abóbora, muitas lembranças, muitos momentos: receba-os, permita-se pensar neles com calma, com gratidão pela oportunidade de trabalhar essas emoções. Escolha o pedaço maior e associe a ele a lembrança que você precisa perdoar com maior urgência e que aflora em sua cabeça de forma mais espontânea. Usando a mesma faca, ou outra menor se necessário, comece a descascar cada um dos pedaços.

Não é uma tarefa fácil de forma alguma. Você vai descobrir a resistência da abóbora e da sua mente; você deve ser gentil e respeitar os limites para não correr o risco de se cortar; seja paciente, chore se necessário, deixe seus sentimentos aflorarem e siga com cautela. Será um processo longo; o importante é ter paciência e amor consigo mesmo. Lembre-se de que essas emoções ficaram guardadas por muito tempo; garanto que esse processo demorará muito menos do que o tempo que você as manteve guardadas.

Com calma, continue até descascar todos os pedaços.

Ao terminar, respire fundo e descanse. Sinta o alívio da missão cumprida e, se necessário, beba um copo d'água.

Agora você provavelmente deve organizar e limpar sua área de trabalho. Trazer à tona tantas recordações não é um trabalho limpo: muita merda sai disso, então, organize e jogue fora a sujeira. Você iniciou seu processo de cura.

Com a superfície limpa e organizada, comece a lavar cada um dos pedaços de abóbora com água. Perceba a diferença na textura, a abóbora está menos áspera, com menos sulcos e esconderijos. Parabéns, você está transformando suas emoções em sentimentos mais leves – o processo de perdão está sendo um sucesso. Sorria.

Sorrindo sutilmente com o sabor da vitória que começa a aparecer em sua boca, corte todas as partes em pedaços menores de tamanho parecido. Escolha o tamanho a gosto: não tenho dúvidas de que estará relacionado ao seu processo pessoal. Observe que a tarefa é muito mais fácil e não há tanta resistência – você tem a força necessária para este desafio. Mas, cuidado! Não se engane e não deixe espaço para o ego, ainda há um longo caminho a percorrer. Lembre-se de que o perdão é o primeiro passo e devemos estar sempre perdoando e evoluindo. Termine até que todas as partes estejam cortadas.

Em uma panela de tamanho apropriado, despeje bastante água fria (provavelmente um litro e meio será suficiente). Coloque em fogo alto, acrescente um pouco de sal e azeite a gosto e comece a colocar os pedaços de abóbora na panela. Conte-os: será que você tem mais memórias a perdoar? Coloque os pedaços um a um e observe como afundam na água, alguns voltam à superfície, outros permanecem ocultos como as nossas lembranças. Você pode tampar a panela parcialmente para ajudar a ferver mais rápido.

Nesse momento, vá ao banheiro lavar o rosto, limpar o nariz se for preciso, arrumar o cabelo, e veja como se sente. Bom, sei que está se sentindo muito mais leve e é só o começo. Sorria e volte para a cozinha.

Acompanhe a panela até a água ferver – ao levantar fervura, abaixe para fogo médio. Aproxime-se com cautela e, com segurança, permita-se sentir o vapor da água no rosto, o calor que amolece e hidrata sua pele. Sinta o alívio de enfim ter iniciado seu processo de cura.

Observe as bolhas da água e veja como elas estouram e se dissipam na superfície: tudo se transforma, tudo muda, nada é eterno.

Se desejar, da próxima vez que preparar sua sopa de abóbora para continuar esse processo de perdão, você pode usar uma panela de pressão para acelerar o processo, pois os sentimentos de perdão mais pesados ou mais fortes já saíram na primeira vez.

O ser humano que se machucou ou se ofendeu naquele tempo não existe mais: você é um outro ser, mais forte, com mais experiência; as palavras que o machucaram não têm mais o mesmo impacto. Hoje elas fazem parte de um processo de aprendizagem, a situação é outra, não as carregue: deixe-as evaporar e subir até o Universo.

Use a ponta da faca para espetar alguns pedaços da abóbora e ver se estão macios. Ao chegar nesse ponto, tomando cuidado para não se queimar, inclusive com o vapor, coe os pedaços, preservando o caldo do cozimento.

Observe que a textura e a rigidez inicial não existem mais, você está avançando. Sorria mais uma vez.

Com alegria, coloque os pedaços em um liquidificador e bata até obter um creme. Se necessário, adicione um pouco do caldo para obter a consistência desejada. Coloque o creme de volta na panela e leve ao fogo baixo para manter aquecido. O restante do líquido do cozimento deixe esfriar e reserve.

Em uma frigideira pequena, adicione o açúcar e leve ao fogo médio, mexendo com uma colher de pau para não queimar até caramelizar. Baixe o fogo e acrescente as nozes cortadas em quartos. Separe as nozes para que não grudem, cobrindo-as com o caramelo; com um garfo, separe o excesso de caramelo, retire as nozes e coloque-as em um prato até esfriar.

Volte à panela e mexa sua sopa. Prove seu sabor com cuidado, é doce como a vida. Você pode adicionar um pouco de sal e pimenta a gosto.

Prove de novo e veja que apesar do sal e da pimenta, o sabor doce parece ainda mais acentuado – a sopa continua adocicada.

A vida é assim: precisamos de sabores salgados para realçar os momentos doces; caso contrário, não conseguiríamos entender a diferença das coisas, tudo teria a mesma cor. Imagine viver em um mundo todo branco: como nos estimularíamos, como nos desafiaríamos? Os obstáculos que enfrentamos ao longo do caminho são simplesmente para que possamos crescer e evoluir, para conquistar uma vida cada vez mais plena e nos aproximar mais da inteligência suprema.

Se você evitar esses obstáculos e desafios, se não encontrar a coragem dentro de si, eles se tornarão eternos e se transformarão em um sofrimento que lhe acompanhará todos os dias, distanciando você cada vez mais da oportunidade de viver uma vida de amor e paz.

Com a sopa temperada considerando o seu paladar e a sua história de vida, sirva uma porção em um prato fundo. No centro, despeje uma colherada de iogurte, simbolizando o seu coração puro e limpo. Acrescente também uma quantidade razoável de nozes caramelizadas. Leve à mesa.

Se você não puder comer a sós, sugiro que tente manter o ritual da mesma forma e peça o respeito e a ajuda dos demais integrantes da mesa.

Observe seu prato com calma: veja que milagre celestial, que transformação maravilhosa aconteceu. Uma forma áspera e rígida se transformou em um creme aveludado e suave. Saboreie sua primeira colherada, começando a degustar a sopa retirada das bordas do prato sem tocar nos ingredientes do centro. Com calma, permita que a sopa preencha sua boca, alcançando cada centímetro e espaço; sinta como sua língua desfruta desse sabor doce que a vida lhe dá, perceba o calor que lhe acaricia. Engula suavemente, seguindo o caminho do calor até sentir como os sabores e a temperatura esmaecem em seu interior, até chegar a cada uma de suas células, nutrindo seu ser, sua alma, de forma agradável, com serenidade. Continue ao longo da borda do prato com consciência, presente, observando desde o movimento de sua mão até o separar de seus lábios e o abrir de sua boca; agradeça pelo alimento, por seu poder de transformar e ser transformado. Continue com consciência e gratidão até se aproximar do meio do prato.

Uma vez chegando ao centro do prato, retire uma colherada. Faça uma pausa e respire fundo, certifique-se de apanhar todos os ingredientes: a abóbora, o iogurte e as nozes; coloque na boca.

É a mesma sopa, mas com alguns sabores e texturas diferentes. Perceba como as sensações e intensidades surgem dentro de sua boca, sem avisar, como na vida. Sinta as diferentes temperaturas do frio do iogurte e do calor da sopa, deixe que se misturem; no final, o calor será predominante. Com certeza você já sentiu em sua boca a textura das nozes – duras, como algumas fases da vida, resistentes e difíceis de quebrar –, mas observe como, com um pouco mais de força, você consegue quebrá-las, superá-las, incorporá-las ao paladar e, no final, descobrirá o lado doce desses pedaços, transformando-os no complemento ideal para tornar essa experiência quase perfeita.

Apesar da acidez do iogurte e da dureza e resistência das nozes, o resultado é doce, quente e suave – porque a base dessa sopa é doce e suave como a nossa essência divina criada por Ele, a inteligência suprema, e quanto mais nos voltarmos a Ele, mais nos recuperaremos e ficaremos próximos da nossa doce e serena essência. Dê-se a oportunidade.

À tarde, quando começar a escurecer, recomendo que tire um momento para voltar à cozinha. Lave as sementes da abóbora que foram reservadas, uma a uma, com água morna, removendo com delicadeza todos os resíduos que possam estar grudados. Sinta a textura escorregadia, como se elas quisessem escapar das suas mãos: não as perca, segure-as com firmeza. Não deixe que a saudade ou as memórias bloqueiem esse novo começo, escancare esse portal.

Distribua as sementes limpas em uma assadeira e leve ao forno a 200° C, deixando pelo tempo necessário até que fiquem desidratadas, cerca de 20 ou 30 minutos, verificando-as constantemente; permaneça presente e consciente.

Quando estiverem secas, retire as sementes do forno e tempere com um pouco de sal e alguma erva seca do seu gosto – pode ser tomilho ou orégano. Se não tiver, não se preocupe, não existe uma receita rígida para ficar delicioso.

Deixe que as sementes esfriem. Depois, armazene-as em um pote de vidro com tampa hermética. Pegue uma e prove – o seu instinto e ansiedade farão com que mastigue a semente inteira, sentindo a invasão do sal em sua boca, que pode não ser do seu agrado, mas é assim o andar pela vida. Como provavelmente você mordeu a semente com a casca, sugiro que a cuspa fora. Não é nada agradável, já passei por esse processo.

Vamos tentar de novo. Pegue outra semente e coloque-a de lado entre os dentes superiores e inferiores. Faça uma pequena pressão que não chegue a ser uma mordida: magicamente, perceberá um ruído indicando a abertura da semente. Retire a semente com os dedos e siga abrindo-a para descobrir o seu interior. Observe um novo começo, uma semente.

Coloque-a na boca e desfrute do sabor dessa nova experiência. Você pode comer quantas quiser – o processo será lento e requer paciência e dedicação, como na vida, necessárias para alcançar a nossa paz. Com o tempo, você irá desenvolvendo sua própria técnica para aumentar sua capacidade de superar obstáculos e se mover com mais habilidade. A cada novo processo, cada mudança precisa de tempo para se ajustar e se acomodar em nossa vida.

Reserve as sementes na sua despensa: toda vez que sentir que a tristeza pelos episódios perdoados tenta aparecer, coma as sementes.

Quando acabarem, se você não tiver a possibilidade de preparar outra porção, vai encontrá-las à venda em alguns supermercados. O importante para seguir a terapia é que as sementes de abóbora estejam com casca.

O caldo que foi reservado anteriormente deve ser despejado em uma árvore para que seus sentimentos suspensos sejam transformados em nutrientes de vida no nosso universo.

Prepare essa sopa livremente, quantas vezes achar conveniente, lendo e seguindo o ritual passo a passo, em dias mais difíceis, de maior ansiedade e mais desafiadores. Corte os pedaços da abóbora com a casca em partes menores. Isso lhe trará resignação e paciência com os desígnios da vida. A cada preparo, seu espaço interior se libertará para receber o novo e se abrirá ainda mais, tornando-se cada vez maior.

Saiba que o benefício dessa preparação é emocional e biológico. A própria sopa de abóbora em si contém benefícios infinitos, juntamente com suas sementes. É excelente para a digestão, um anti-inflamatório potente e ajuda a equilibrar e desbloquear nosso segundo *chacra* ou centro de energia do plexo mesentérico superior, também conhecido como sacral, que é representado pela típica cor laranja dos diferentes tipos de abóboras que encontramos na natureza; está localizado atrás do umbigo, um pouco abaixo, e abriga as glândulas digestivas e pancreáticas. Ele está conectado e é afetado por nossas relações interpessoais, sistemas de apoio, família e cultura. É o centro encarregado de liberar, eliminar e tirar o que precisamos. Nele estão alojados os sentimentos de culpa, vergonha, dor, baixa autoestima, faltas e vitimizações.

A abóbora é muito nutritiva – contém muito potássio, cálcio e fósforo, ajudando os ossos e prevenindo a osteoporose. Seu consumo reduz o colesterol e controla o índice glicêmico, ajudando a combater o diabetes. Ela aumenta a imunidade e ajuda a dormir. As sementes, em virtude do alto teor de zinco, auxiliam os homens com a próstata, ajudando a preservar seu tamanho normal.

Capítulo 3
Raiva

Quando começamos a perdoar, é literalmente como se abríssemos uma panela e um milhão de sensações e sentimentos começassem a aparecer. Entre estes, o que considero o mais prejudicial e dramático para o nosso corpo e alma é a raiva.

A raiva resulta de uma frustração que pode surgir de muitas emoções ou situações negativas, como ódio, inveja, ciúme, tristeza, ansiedade etc. Quanto mais intensa a frustração, maior a intensidade da raiva. Assim, ao liberar a raiva e aprender a reconhecê-la e transformá-la, seremos capazes de trabalhar de imediato todas as emoções negativas ou frustrações que enfrentamos ou que surgem em nossa vida.

A raiva está sempre ligada ao estresse, não existe raiva sem estresse. O estresse é sempre fruto da raiva, mas também podemos sofrer de estresse sem ter vivenciado a raiva. Como qualquer ser humano, pude conhecer o poder negativo desse sentimento, o impacto que causa em nosso organismo, e devo confessar que tenho muito respeito por sua força e energia negativa; e quando ela tenta se alojar em meu corpo, paro, para me dar o trabalho de eliminá-la, até que se transforme e desapareça. As doenças mais agressivas e dolorosas podem ser causadas por raivas permanentes, dessas que criam raízes.

A raiva é de pH ácido. Ela muda a composição de nosso sangue, provocando a erosão das paredes de nosso corpo e órgãos, enfraquecendo ossos e dentes. O pH ou, falando de forma mais informal, o nível de ácido do nosso corpo, é essencial para que o sistema biológico interno funcione bem e realize todas as transferências químicas necessárias para enviar estímulos nervosos aos músculos e ao cérebro. É por isso que quando sentimos raiva nosso corpo se move com agressividade, ficamos agitados, e nosso cérebro ordena palavras hostis e ofensivas. É uma reação tão violenta que esse ácido provoca, que podemos até causar ferimentos físicos, acidentes ou bater em alguém. Quando atinge seu nível máximo, os fluxos de ácido sobem ao coração, podendo causar um infarto fulminante.

Os sentimentos são iminentes e característicos de nossa essência humana: os positivos devem ser cultivados para que aumentem, cresçam e se fortaleçam; os negativos devem ser reconhecidos, aceitos e submetidos à metamorfose para que se transformem.

Não se trata de tentar ser perfeito e evitar sentimentos e emoções negativas: isso é irreal, só existe um ser universal que alcançou essa perfeição. Não crie essas expectativas e metas que não pertencem à nossa condição humana – isso apenas lhe fará estabelecer metas fictícias, irreais, inatingíveis, fazendo com que você se frustre mais, sinta-se mais derrotado e pare de tentar crescer, de avançar na vida.

A ideia de "expectativas" é abordada intensamente na filosofia budista: elas são a principal causa de nossos sofrimentos, aparecem com base no que queremos ou ansiamos. Quanto maior o desejo, maior a expectativa e maior o sofrimento. Agora, você pode pensar: "Bem, e se a expectativa for atingida? A alegria será grande!"

É provável. Mas a vida é feita de vários acontecimentos, de um acúmulo de eventos e histórias. Nossa essência humana costuma ser ingrata e esquece fácil os momentos de alegria, marcando-nos com momentos negativos ou decepções. Por isso não corra o risco, seja proativo com sua felicidade.

A raiva é tão poderosa que tem um lugar específico para se armazenar e se alojar o tempo necessário até que aprendamos a reconhecê-la e transformá-la. Esse lugar é o nosso fígado.

Nosso corpo é como uma orquestra, e, para que funcione bem, nossos órgãos precisam trabalhar de forma sincronizada, apoiando-se mutuamente. Cada instrumento e cada músico trabalham concentrados na sua missão particular de trazer, juntamente com o resto dos músicos, a obra-prima da peça musical interpretada.

A sincronicidade existe em todos e para todos. Não é por acaso que este livro, desde o seu início, foi incentivado e apoiado pela grande comunidade espírita celestial que nos acompanha em nossa vida.

Nossa sincronicidade com os espíritos é um presente mágico e, enquanto eu escrevia estas linhas, meu amigo espírita Rogério me enviou a seguinte mensagem por WhatsApp, que compartilho com vocês:

"Agradeço por despertar o que tem de melhor em mim e me fazer sentir especial. Você sempre me ajudou, me aconselhou, aguentou e sou grata por tudo que tem feito por mim. Obrigada por não me deixar desistir e me mostrar que posso ir além dos meus sonhos."

Esta mensagem chegou a Rogério no exato momento em que eu escrevia a palavra "fígado" em meu livro. Foi enviada por uma mulher cuja privacidade respeitaremos, preservando seu nome, que acabara de passar por uma cirurgia de transplante de fígado. Junto com o texto, recebi a foto dela em uma cadeira de rodas, do momento em que ela saía do hospital. Seu rosto está inchado, proeminente: é quase um círculo perfeito pelo inchaço causado pelo mau funcionamento do fígado. Sua face contém pequenas erosões e marcas causadas notoriamente pelo excesso de toxinas em seu corpo. Independentemente desses detalhes, o sorriso pleno e a satisfação refletida no seu rosto nos revelam a alegria de viver, esmaecendo os detalhes físicos que não lhe pertencem e revelando uma moça absolutamente linda.

Seus olhos brilham e transmitem luz, um inexplicável amor à vida. Obrigada, Rogério, pela mensagem: agradeço a meus guias por colocarem você no meu caminho e permitirem que contribuísse neste livro com essa experiência.

O fígado é um dos órgãos mais importantes do nosso corpo. É verdade que não poderemos viver se outros órgãos vitais – como o coração – falharem e, em situações mais extremas, os pulmões, rins etc. Somos um todo, mas o fígado tem funções muito importantes que contribuem para o bom funcionamento de cada um dos membros da nossa orquestra. Por isso é de extrema importância que nos libertemos da raiva, pois o fígado é o órgão que nos purifica e, se não funcionar bem, teremos uma vida pesada e difícil.

Em resumo, algumas de suas funções mais básicas são: processar gorduras e proteger o pâncreas, armazenar glicogênio – que é nossa fonte de energia –, armazenar vitaminas e minerais, separar e descartar elementos nocivos, como as toxinas, e proteger o organismo de vírus e bactérias. Assim, ele é o maior guardião de nosso sistema imunológico. Suas funções vitais são tantas que poderíamos escrever mais de um livro sobre o fígado. Li vários a respeito para entender sua importância ao longo dos anos, por isso o amo e cuido dele como uma relíquia sagrada; desse modo obtenho meu maior tratamento de beleza natural, que complemento com desintoxicações e jejuns esporádicos para lhe dar um descanso. O fígado é a fonte da juventude.

Sintomas que podem ser causados por uma deficiência hepática – um fígado que não funciona na sua capacidade plena – podem ser: dificuldade em perder peso, diabetes ou problemas relacionados com o nível de açúcar, problemas de colesterol e, em consequência, de pressão alta e taquicardia, mau funcionamento das glândulas renais, sensibilidade e alergias alimentares. Problemas de pele como psoríase, eczema, acne ou outras manifestações anormais dermatológicas também se incluem, além do desenvolvimento de doenças autoimunes, hepatite, formação de cálculos biliares, cirrose, doenças digestivas e câncer.

O fígado enfraquecido danifica o cérebro, deixando-o mais esquecido e lento – um dos motivos importantes para tantos casos de demência senil e Alzheimer. Cada vez vivemos por mais tempo, portanto, nosso organismo trabalha por mais tempo, respirando ares contaminados e cheios de toxinas, fumando, ingerindo gorduras sem controle, com uma dieta repleta de alimentos processados cheios de produtos químicos, com o consumo excessivo de bebidas alcoólicas para entorpecer nossos sentimentos e, como se não bastasse, colocamos no fígado toda a raiva das frustrações que passamos ao longo da vida.

Se causei agonia após esse breve resumo, é compreensível que queira consultar todos os livros que falam a respeito do fígado e cuide do seu. Como já disse, o sofrimento é opcional, a dor nem sempre.

E para provar mais uma vez a grandeza, a generosidade e a infinita bondade de nossa inteligência suprema, digo a vocês que o fígado se regenera: muitos pacientes com doenças hepáticas, e até câncer, melhoram pelo seu poder regenerativo mesmo depois de terem retirado um pedaço dele. Existem estudos comprovando que se preservarmos 51% do nosso fígado ele é capaz de se regenerar completamente.

Em tempos em que a palavra resiliência é usada com frequência, deixe-me dizer que o órgão mais resistente da natureza humana é o fígado: ele nos auxilia desde a nossa estadia no ventre materno, limpando todos os poluentes que chegam do mundo externo, até o extremo de quando se regenera. O fígado tem a capacidade de iniciar o processo de regeneração imediatamente após ser danificado: todas as suas células sobreviventes se comunicam entre si e começam a se multiplicar sem permitir que ele pare de realizar suas funções diárias, como a purificação do sangue, a separação de gorduras etc. Sem dúvida, o fígado é de natureza feminina porque pode fazer muitas coisas ao mesmo tempo. Seria o arcanjo Miguel do nosso corpo, que com seu escudo nos protege de todos os males. Como se costuma dizer por aí: "Deus pressiona, mas não sufoca".

A capacidade regenerativa do fígado é conhecida desde o tempo da mitologia grega: conta o mito de Prometeu que o titã foi punido por Zeus, que decretou que o ferreiro Hefesto o acorrentasse no topo do Monte Cáucaso por 30 mil anos, durante os quais ele seria bicado diariamente por uma águia que comeria seu fígado. Mas seu fígado estava em constante regeneração, iniciando o ciclo destrutivo e regenerativo diariamente até que o herói Hércules o libertou.

Somos uma criação divina e os conhecimentos para ter uma vida plena e feliz sempre estiveram ao nosso alcance. É só querer iniciar o caminho do autoconhecimento.

O autoconhecimento é o simples ato de se conhecer, o conjunto de coisas que sabemos sobre nós mesmos. Se eu perguntar a você seu peso, altura, cor dos olhos e do cabelo, com certeza você responderá tudo de forma assertiva, no mínimo aproximada, dependendo da frequência com que se pesa (há pessoas que gostam de uma tortura constante e se pesam todos os dias e várias vezes). Se você puder responder a essas perguntas, seu autoconhecimento físico externo está em dia. Podemos descobrir sobre o físico interno com exames médicos e consultas. Mas o autoconhecimento emocional depende única e exclusivamente de cada um, e é a parte fundamental para se ter uma vida plena e feliz.

Não há como escapar: quem busca o autoconhecimento é feliz e tem uma vida mais plena do que quem não busca se conhecer. É simplesmente parar para pensar qual é o propósito de ter nascido, de estar vivo nesta fase terrena. Quando se escrevem livros sobre propósitos de vida, fala-se muito sobre objetivos profissionais, descobrir o que você mais gostaria de fazer e, assim, alcançar uma vida plena. Mas a verdade é que o propósito da vida é ser feliz, independentemente de como, das circunstâncias e de você ter conseguido descobrir sua profissão ou o trabalho ideal, porque, do contrário, quem não consegue trabalhar com seus talentos ou com aquilo que deseja estaria condenado a ser infeliz, e não é assim.

Temos que aprender a ser felizes nas circunstâncias normais da vida, porque o propósito da vida é ser feliz. Enfatizo que falamos de uma felicidade genuína que sustenta nossa vida, não uma felicidade passageira e volátil que obtemos com coisas materiais ou outras.

É aqui que a humildade desempenha um papel importante – e quando falo em humildade, é para reconhecer que existimos para um bem maior e por causa de um poder maior independentemente de sua religião ou crença. Não podemos pensar que viemos a este mundo para viver uma vida de infelicidade ou insatisfação, não podemos acreditar que essas obras-primas que são nosso planeta e nossa biologia perfeita existam para não alcançarmos a felicidade ou para não sermos proativos em nossa felicidade e optar por uma postura passiva e não buscarmos o autoconhecimento.

É verdade que estamos todos em diferentes pontos do caminho para a felicidade, mas existem algumas pessoas que nunca a alcançaram e, quando já lhes resta pouco tempo, querem então começar a busca pela felicidade. Mas quando a maior parte de sua vida e tempo foram desperdiçados, eles só podem ser recuperados em uma próxima reencarnação.

Se você ainda não começou a ser feliz, vivendo plenamente, comece a buscar o autoconhecimento e a estabelecer os rituais necessários para recuperar o tempo perdido. O autoconhecimento geralmente começa depois da juventude, após adquirir uma ética moral. Existem seres reencarnados que já ficam felizes só em ajudar os outros ao longo do caminho, esses são a minoria e já adiantaram parte desse autoconhecimento em uma vida passada.

E para pessoas que sofreram muitas tristezas e dificuldades na vida, o autoconhecimento é inevitável para a cura. Quando você se entrega às provações e desafios com fé e coragem, a vida recompensa acelerando o processo de encontrar a felicidade.

Em resumo: para ser feliz você precisa de fé, coragem e autoconhecimento.

Imagine se depois da descrição que compartilhei sobre a raiva – o poder, a força e a energia que ela sustenta –, você pudesse descobrir como transformá-la; você entenderia, então, o empoderamento recebido. Toda energia precisa de uma fonte para nascer, toda energia é transformável, e essa capacidade ou poder de transformação está dentro de você.

O que você faria com toda a força dessa energia transformada? Pode ser o ímpeto ou a coragem para milhares de coisas; você tem a liberdade de escolher e crescer com liberdade sem limites – exceto aqueles que você mesmo impõe.

Antes de começar a psicomagia culinária para limpar seu fígado e libertá-lo da raiva, parece benéfico e prudente citar alguns alimentos ou ingredientes naturais que você pode incorporar ao seu dia a dia para ajudar a restaurar a boa função do seu fígado. Não é um processo que acontece em um dia: é gradual, mas duradouro. Obviamente, melhorar o estilo de sua dieta seria de grande ajuda, especialmente evitando o excesso de gorduras e alimentos processados que contêm muitos produtos químicos e fazem o fígado funcionar intensamente.

Em geral, todas as frutas e vegetais são excelentes para o fígado, mas podemos destacar a maçã, que é ótima para hidratá-lo, e a tâmara, que é uma excelente fonte de açúcar para ajudar a restaurá-lo – estas não podem faltar na minha despensa aqui em casa.

Das verduras, podemos citar principalmente o aipo, que ajuda a restaurar a produção da bílis e melhora a sua qualidade, além de purificar e manter a temperatura adequada para o seu funcionamento. A rúcula é um excelente purgante e as alcachofras (frescas) ajudam na prevenção de tumores. Aspargos têm um efeito calmante, ajudando a rejuvenescer o fígado e devem ser consumidos constantemente. A cúrcuma, ou açafrão fresco, auxilia na purificação das toxinas localizadas mais profundamente no órgão.

Quando decidimos especificamente que é chegado o momento de limpar o fígado, devemos pensar em não consumir proteínas animais, se esse for o objetivo principal. Começar o dia bem hidratado e não consumir produtos gordurosos até o meio-dia deve ser um hábito diário. Antes desse horário, o fogo digestivo *agni* não está com força total, então isso lhe dá a oportunidade de começar a trabalhar com calma.

Manter o hábito de comer com um intervalo de 12 horas por dia dá a ele o merecido descanso diário para se regenerar. E se você parar e pensar, provavelmente vai descobrir que essas são duas dicas muito fáceis de implementar, embora para a maioria não seja, porque estamos sempre tão ansiosos, tentando preencher o vazio que a falta de autoconhecimento está deixando, que comemos desde o momento que abrimos os olhos até a hora de deitar, e os mais ansiosos e mortificados pelos próprios pensamentos ainda se levantam para comer no meio da noite ou às escondidas.

Receita e psicomagia de Alcachofra e salada verde
Serve: 4 a 6 pessoas
Objetivo: eliminar as fúrias acumuladas.

Ingredientes:
4 tâmaras (para a versão *plus* do tratamento)
4 ou 6 alcachofras (uma por pessoa)
12 aspargos
1 aipo
1 rúcula pequena
1 limão
1 punhado de açafrão, de preferência fresco, ou em pó
1 maçã vermelha (o mais crocante possível)
Sal marinho
Pimenta fresca
Azeite de oliva

Para a melhor eficácia do nosso feitiço, peço que se lembre de todos os benefícios que irá receber, se comprometa nesse dia e se dê a oportunidade. O resto acontecerá magicamente. Escolha um sábado em que possa começar o dia com calma. Comece o dia hidratando-se com dois copos de água em temperatura ambiente. Beba ao longo da manhã sem consumir nenhum alimento, até sentir fome. Quando sentir fome, antes de comer, beba um pouco mais de água.

Em nosso organismo, a sensação de sede é quase a mesma da fome, por isso tem pessoas que sempre sentem que têm fome – porque estão desidratadas e não sabem disso. A desidratação é um mal moderno causado pelo consumo mínimo de água: há muitas pessoas que não bebem água e que se hidratam com bebidas processadas carregadas de açúcar e produtos químicos.

Depois de beber água, se você ainda estiver com fome e comprovar que não está com sede, coma as 4 tâmaras – esta será sua primeira refeição do dia. Posteriormente, você deve comer a alcachofra com a salada verde – não precisa necessariamente esperar até um horário específico ou a hora do almoço, o importante é que seja na sequência das tâmaras, mesmo que logo depois. As tâmaras fornecerão a glicose que seu fígado precisa para se regenerar e restaurar, e ao mesmo tempo ajudarão a eliminar o excesso de muco produzido por patógenos ou bactérias no intestino.

Para que o ritual purgativo da raiva cumpra plenamente o seu objetivo, a receita não poderia ser nada além de uma salada que contém os melhores elementos para o nosso órgão resiliente. O preparo é simples, mas um pouco trabalhoso, com alguns desafios como os da vida; algumas partes pedem mais dedicação – a complexidade está dentro de cada um de seus ingredientes que gentil e desinteressadamente contribuem para que essa resiliência transborde dentro do seu corpo por quantas vezes forem necessárias para a conquista da felicidade.

Vamos começar a preparar as alcachofras, considerando uma por pessoa. A alcachofra pode ser para muitos um vegetal pouco atraente e até mesmo intimidante por causa de sua aparência e espinhos – mas ela esconde um sabor magnífico. Muitas pessoas nunca a experimentaram por não saberem como prepará-la. Aqui faremos o mais básico e simples preparo para você conhecer seu sabor puro. A alcachofra ajudará o fígado na sua neutralização e recuperação, bem como a reforçar as propriedades filtrantes que tem.

A alcachofra é uma inflorescência que normalmente tem sua colheita de agosto a dezembro no hemisfério sul e, no norte, ela inicia em fevereiro. Se você começar seu ritual fora da estação, recomendo a versão congelada que só precisa ser fervida, ou alguma em conserva, a mais natural possível, e tomara que não seja fermentada. Quando chegar a temporada de alcachofras frescas, faça o preparo o quanto antes.

Lave as alcachofras e bata-as levemente contra a borda da pia para retirar possíveis resíduos ou sementes que estejam em seu interior. Esse processo ajudará a quebrar os espinhos que muitas vezes ficam nas pontas das folhas. Observe, quando nosso corpo acumula raiva, ele cria todos os tipos de barreiras protetoras para retê-la. Em uma panela grande, coloque-as de cabeça para baixo e despeje água fervente até cobrir – se necessário use duas panelas. Você pode colocar uma rodela de limão para evitar que a panela fique escurecida. Não é necessário acrescentar mais nada. O tempo de cozimento depende de vários fatores – o tamanho da alcachofra ou da panela, a altura da chama do fogão etc. Para saber se o cozimento está completo, tente tirar uma das folhas do meio: ela deve sair sem resistência. Você verá no fundo dessa folha uma polpa. Experimente-a e veja se ela tem uma textura agradável e macia. Se observar a mudança da cor da alcachofra para um verde-oliva, é o momento de começar a batalha e liberar as fúrias guardadas ao longo de sua vida.

Assim que estiverem prontas, retire-as da panela para interromper o cozimento e reserve-as de cabeça para baixo para escorrer o excesso de água no seu interior.

Na mesma água do cozimento das alcachofras, coloque os aspargos lavados. Como a água já estará em ponto de fervura, cozinhe por cerca de 6 a 8 minutos. Retire-os e, se desejar, enxágue em água fria para interromper o cozimento. Reserve.

Pegue o aipo e corte 5 ou 6 talos que possam ser divididos entre aqueles que vão comer. Lave-os bem, principalmente na parte côncava; corte as folhas na parte superior, se houver, e reserve.

Os talos do aipo são fibrosos – alguns mais do que outros –, então utilize um descascador de legumes para remover a primeira camada de pele; uma faca afiada também serve para isso, mas pode demorar mais. Corte-os lateralmente em pequenos pedaços com cerca de 1 cm de largura. Se notar que ainda há fios de fibras, retire-os com as mãos à medida que forem aparecendo. Coloque os pedaços de aipo em um recipiente com água para mantê-los frescos e hidratados. Você perceberá que o aroma de frescor do aipo é mágico – um cheiro verdejante de novos começos. Prepare-se para receber a oportunidade de seu novo começo.

Lave uma quantidade de rúcula suficiente para completar a salada e reserve. Para preparar o molho, despeje em um recipiente aproximadamente 50 ml de azeite, o suco de 1 limão espremido, 1 colher (chá) de açafrão fresco ralado ou 1/2 colher (chá) de açafrão em pó, sal e pimenta a gosto. Agite ou misture e experimente: se a intensidade do limão estiver muito forte, adicione um pouco de água.

Vamos montar os pratos para iniciar a sua psicomagia. Em uma tigela, junte o aipo escorrido e as folhas de rúcula. Em cada prato, coloque uma porção dessa mistura com 2 ou 3 aspargos por cima, que você pode cortar em pedacinhos (geralmente, é descartada a parte final do aspargo, mais branca, dura e fibrosa). Ao lado da salada, disponha a alcachofra. Regue a salada com o molho e reserve uma quantidade em um recipiente individual para mergulhar as folhas e o fundo da alcachofra. Mantenha ao lado um prato para colocar as folhas descartadas das alcachofras e um guardanapo para acompanhar o ritual mágico.

Inicie comendo a alcachofra primeiro – as folhas menores que ficam presas ao caule geralmente são descartadas por serem muito pequenas. Arranque duas ou três, sobrepostas, e mergulhe a base da folha no molho; coloque entre os dentes e puxe para retirar a polpa. Coma devagar, com paciência e de forma organizada – precisamos chegar ao centro dessa flor para arrancar todas as feridas que deixaram raiva e aspereza na sua alma. Esse caminho deve ser percorrido com calma e cautela para se chegar ao meio na hora certa. Continue com o ritual deixando as folhas já consumidas no prato em separado, ordenadas de cabeça para baixo para que ninguém observe as marcas que você guardou na sua vida. Esses vestígios são intimidades pessoais.

Continue até chegar ao centro da alcachofra, onde verá uma espécie de cone formado por folhas dobradas – estas são mais finas e mais claras, meio acinzentadas. Com uma ajudinha do destino, pode-se até ver um leve lilás que representa a cura que está sendo alcançada na sua alma. Delicadamente, com a pressão necessária, prenda esse cone e retire-o para trás. No momento certo, o cone ficará em suas mãos, desprendendo-se do fundo da alcachofra com certa facilidade.

Vire o cone e observe seu interior: é como um túnel que vai ficando cada vez mais estreito, e é impossível saber quantas folhas compõem esse cone. Se você começar a separá-las uma a uma, elas se desarmam, vão desaparecendo e virando nada. É isso que acontece com as raivas ou emoções negativas acumuladas: elas não têm consistência, não existem porque já fazem parte do passado, só existem na sua mente porque você continua a alimentá-las. Mergulhe a ponta larga do cone no molho e coma a borda da qual foram retiradas todas as pontas que prendiam as folhas. Não há mais uma base que alimente e segure essas folhas. Cada uma delas foi arrancada daquilo que as prendia, e algumas são partes dos dejetos que serão reabsorvidos pela terra. Limpe os dedos com o guardanapo ou, se necessário, lave as mãos; já se passaram anos e anos de raiva acumulada e estagnada que você está liberando.

Respire. Foi um processo longo e mágico, ou tedioso e cansativo – talvez, ao longo do caminho, você tenha descoberto sabores amargos dos quais não gostou, talvez o dia inteiro tenha sido desagradável, e, na sua opinião, desnecessário. O importante é que chegamos ao centro de tudo. À sua frente, o fundo da alcachofra resultante desse caminho árduo, também conhecido como o coração, é cinza e feio, coberto por milhares de pelos ásperos e duros. Assim fica nossa alma quando acumulamos ódio e emoções negativas – sem brilho, sem atrativos, desagradável aos olhos. Com os dedos, comece a desprender os pelos de seu coração. Pode ser que você observe alguma resistência, é normal, pois se acumulam há muito tempo. Seja paciente e continue – você verá que, quando conseguir arrancá-los, haverá vestígios de cada um dos seus folículos. Não se preocupe: nossa salada vai desmarcar os vestígios dessas feridas.

Se suas emoções ou raivas estão resistentes demais, utilize uma faca afiada para ajudar – o importante é arrancá-las de qualquer forma, e colocar todos os fios arrancados no prato das folhas mortas. Limpe as mãos novamente.

Olhe para o coração limpo, desprendido de toda raiva, de toda emoção negativa que deixou marcas – ele parece fraco e desprotegido. Não se preocupe, ele vai se fortalecer aos poucos, há muitas outras memórias e emoções que habitam em você que irão alegrar esse coração. Coloque-o no centro da salada, adicione mais molho se necessário e coma com o restante da salada. Preste atenção aos ruídos que começam a surgir dentro da sua boca à medida que milhares de fibras se rompem para liberar tudo o que estava preso – sabores amargos e frescos se misturam em sua boca, um gosto de ferro frio, uma leve acidez resultante dos processos acumulados que emergiram de cada canto do seu corpo. Liberte-se.

O processo do nosso coração é como o de uma alcachofra, chega à natureza sujeito a uma estrutura, seu corpo. Conforme vai crescendo e vivendo, começa a se abrir superficial e lentamente, com medo do desconhecido. À medida que enfrenta as adversidades da vida, vai criando espinhos para se proteger da natureza e novas emoções negativas vão cercando o centro do seu coração para protegê-lo e deixá-lo intacto. Quando a alcachofra sobrevive às tormentas vivenciadas e tem confiança, entrega-se fielmente à vida, à natureza, flui com fé e confiança por meio da inteligência superior. Ela descobre todo o seu potencial e desenvolve uma planta maravilhosa com corpo firme e uma inflorescência gigante, tão gigantesca e desproporcional ao seu corpo que assusta, então desabrocha em uma flor radiante na qual cada uma das marcas da vida dá origem a milhões de pistilos lilases que aclamam que o coração foi curado e que agora se integrou ao Universo de forma livre. Não era um coração triste, mas uma inflorescência imatura. Precisava de tempo e autoconhecimento para se transformar em uma flor maravilhosa.

Se sua boca estiver amarga, incomodando ou oprimindo você com todas as lembranças, coma a maçã. Com mordidas suculentas, acolha a cor vermelha que vai ser a base do seu novo coração.

Se você acha que precisa de ajuda para reforçar o processo de limpeza do fígado e soltar as emoções com mais facilidade, aconselho que beba chá de folhas de alcachofra.

O chá de alcachofra é um potente desintoxicante e depurativo que limpa o organismo, especialmente o fígado, eliminando as toxinas, gorduras e líquidos em excesso.

Por favor, beba o chá com consciência, pois cada corpo reage de forma diferente. Comece com pouca quantidade e preste atenção se você sente algum desconforto ou dor. Se for o caso, descontinue a ingestão do chá.

Os remédios naturais são excelentes, mas devemos sempre estar atentos às respostas do nosso corpo, pois cada corpo é um ecossistema diferente e nem tudo o que é bom para uma pessoa será bom para outra. Isso faz parte da biodiversidade de nossa raça humana e deve ser respeitada.

O chá pode ser encontrado em lojas naturais ou ser preparado artesanalmente em casa.

Alcachofra em flor. O poder da transformação.

Capítulo 4
Obter coragem

A alcachofra é um alimento pelo qual sou apaixonada desde a infância, por ser exótico, de sabor complexo e diferenciado; a vida curta e uma aparição anual a tornam ainda mais intrigante, mágica e misteriosa. Todos esses sentimentos e admiração cresceram ainda mais quando a conheci em flor. É a flor mais linda que conheço – de uma cor lilás mágica, única, que nunca vi em outro ser vivo. Uma cor de transmutação e alquimia. Por isso, durante o tempo em que escrevi este livro fiz uma pequena pausa necessária para criar o oráculo "Alquimia dos Alimentos". Foram tantas as emoções e sentimentos que surgiram nesse processo de escrita que tive que deixá-los gravados em um oráculo cujo símbolo é a flor da alcachofra.

Os oráculos existem desde o início dos tempos, em suas muitas formas criativas. A palavra oráculo significa a resposta dada por uma divindade a respeito de uma questão pessoal, e as civilizações antigas consultavam os oráculos para vários fins. Existem oráculos de cartas, sendo o tarô o mais conhecido. Mas existem também os de pedras, sendo os cristais os mais comuns. Os temas são vários: do amor, da prosperidade, do pão, das flores, das estrelas, dos anjos etc.

Na cultura grega os oráculos eram fundamentais para a religião. Antigamente eram dados apenas por certas divindades, em determinados lugares, através de pessoas específicas, respeitando rigorosamente os rituais correspondentes. Os oráculos não funcionam sozinhos: é preciso um ser humano com a mente voltada para a verdade para transmitir e receber suas mensagens. Antigamente, quem lia e interpretava um oráculo era submetido a um rito de iniciação para compreender as respostas dos deuses. Poderia se dizer que os oráculos se desenvolveram em um contexto de culto.

Diz-se que em algumas sociedades sábias, sacerdotisas banhavam-se em rios ou lagos sagrados, meditavam até entrar em um grau de transe e, assim, se conectavam com maior intensidade e clareza com as divindades que davam as respostas. Algumas até bebiam poções mágicas para acessar as mensagens ocultas.

Hoje em dia, os oráculos muitas vezes são entendidos como um método místico de prever o futuro. Um bom oráculo não se preocupa em anunciar tempos distantes, mas sim em entrar com mais consciência no presente ou em estar no presente, na presença, confiando que a partir deste presente todos os caminhos se abrirão.

Sempre gostei de oráculos: na minha adolescência, usei runas, que é um oráculo feito de pedras com símbolos do alfabeto rúnico.

As runas, letras ou símbolos de um alfabeto rúnico, foram usadas para escrever as línguas germânicas, especialmente na Escandinávia e nas Ilhas Britânicas. As inscrições rúnicas mais antigas encontradas são do ano 150. De acordo com a mitologia nórdica, as runas foram um presente dado ao Deus Odin. Ele as recebeu quando buscava a iluminação pendurado na árvore da vida: após nove dias e nove noites, os deuses ouviram suas súplicas, deixando cair as runas em suas mãos. Existe até um poema que descreve esse momento.

Com a difusão do cristianismo, as runas foram associadas à bruxaria e substituídas pelo alfabeto latino. Na Idade Média, foram proibidas pela Inquisição, mas retornaram durante a Renascença por meio de astrólogos e ciganos.

O oráculo "Alquimia dos Alimentos" contém 24 cartas de sentimentos e emoções divinos inspirados celestialmente. Creia nele com a intenção de que tenha uma inspiração constante para praticar a psicomagia em sua alimentação. É um canal de amor e é assim que deve ser interpretado, porque sem amor pode haver dor.

O objetivo de um oráculo é que o destinatário obtenha a purificação de aceitar a magia da vida com fé. Pessoalmente, quando escrevi suas cartas e escolhi os rituais e alimentos, quis poder transmitir amor, fé e esperança a cada um dos destinatários. Espero que seja assim, o mundo precisa de muito amor.

Recomendo que adquira o oráculo Alquimia dos Alimentos, se possível, e o guarde em algum lugar apropriado de sua casa. No final de semana, quando tiver tempo, faça uma oração e escolha uma carta ainda em jejum. Você receberá uma palavra inspiradora para sua semana, junto com outras palavras que magicamente abrirão seu coração. Haverá também uma pequena receita muito simples que você poderá preparar durante a semana para dar ainda mais força à sua intenção. Repita o alimento que aparecer na sua carta o máximo de vezes que puder no cardápio ou alimentação da sua semana, até iniciar a próxima leitura e se maravilhar com a beleza da flor de alcachofra. Receba toda a cura e transformação que sua cor representa.

Não se preocupe ou duvide da sua capacidade para interpretar as cartas do oráculo. Dentro de você existe toda a divindade necessária para interpretar as palavras do oráculo: somos seres divinos porque somos filhos de um Ser divino. O desafio ou trabalho é descobrir essa divindade dentro de nós. As respostas que precisamos sobre nossa vida estão em nós mesmos, em nosso íntimo, por meio de arquétipos. Acredite nos seus instintos e conecte-se consigo mesmo.

Quando temos raiva acumulada por muito tempo, o pH do nosso corpo – como mencionado anteriormente – se torna ácido. Isso pode causar em você dores nas articulações e, em casos mais graves, artrite reumatoide. Neste caso, há quatro alimentos que aconselho a remover de seu cardápio, ou, se não for possível, consumir somente quando necessário: tomate, batata inglesa (a mais comum), berinjela e pimentão devem ser abandonados por um tempo. Não fosse assim, eu teria acrescentado tomates à nossa salada e a deixaria mais bonita, mas foi intencional.

Esses vegetais e frutos são da família da beladona, conhecida em inglês como *nightshade*, cuja tradução literal seria algo como "sombra noturna". O nome vem da palavra *nihtscada*, que evoca as qualidades narcóticas das plantas do gênero *solanum*. Elas contêm algumas substâncias tóxicas, como solanina, glicoalcaloides e alcaminas. Essas substâncias podem causar irritações na pele e distúrbios do sistema nervoso. A associação mais negativa delas é a de causar ou piorar os sintomas da artrite reumatoide.

Essas plantas não são muito sociáveis, por isso sobrevivem melhor quando plantadas sozinhas, longe de outras hortaliças ou frutas. Mas se dão bem quando plantadas entre elas mesmas.

Busque saber o que for preciso: a informação é para aumentar seus conhecimentos a fim de que você tenha mais ferramentas para viver uma vida melhor. Não desanime e não pense que nunca mais poderá comer batatas ou tomates. Vamos por etapas: primeiro deixe-os por duas semanas e note se essa alteração fez alguma diferença no seu organismo. Você pode até se surpreender e descobrir que se livrou de alguma dor ou mal-estar. Isso permite que se livre das paixões alimentares que habitam sua mente com mais facilidade do que pensava. O que vale é crescer, avançar e se conhecer. O importante é o autoconhecimento físico e mental, mas para isso você tem que enfrentar desafios, e não permanecer no mesmo lugar, na rotina, no apego.

A salada da receita era verde em virtude de um fator-chave para a psicomagia de depuração da raiva, que analisaremos mais adiante. Verde é a cor do chacra cardíaco, nosso quarto chacra, que nos permite passar de um plano egoísta a um plano de amor ao próximo, no qual encontraremos a ferramenta mais poderosa para nos libertar das emoções que afetam nosso prato.

Tudo é um processo que leva tempo e necessita seguir um curso para florescer. Precisamos ter paciência, entre muitos outros fatores, mas tem um que é indispensável para encontrar a paz e a felicidade que almejamos: a fé.

E se ao ouvir a palavra fé você sente um desgaste mental por tê-la ouvido tantas vezes, respire fundo. Se você está precisando dessa psicomagia é porque ainda não entendeu o seu significado! Não fique com raiva de mim! Eu quero ajudar, não julgar.

A fé é essencial, e ao falar em "fé" não quero impor a você uma religião ou qualquer Deus. Quem sou eu para influenciá-lo em algum sentido? A fé é pessoal, individual, livre e não influenciável.

Não vou pressionar você a escolher algo para crer, mas vou instigá-lo a ter fé – entenda a diferença. Para mim, tanto faz para quem você dirige sua fé... Porém, se você a direciona para uma fonte negativa, atente às consequências! O que importa é ter fé; porque quando a vida pressiona, ela se torna cansativa, o ar falta e respirar é penoso. Quando chega uma hora em que nos sentimos esgotados, que não podemos mais suportar sentimentos ou palavras, esse é o momento em que a fé nos salva e nos acolhe – quando queremos desistir de tudo. Da fé nasce a perseverança e isso nos traz as conquistas e triunfos dos nossos maiores anseios.

Não devemos ser arrogantes e insistir em manter causas que não podem mais ser mantidas, em carregar pesos para os quais não temos mais forças – isso é orgulho e vai nos machucar mais cedo ou mais tarde. Devemos nos entregar como uma semente à natureza, que confia que esta proporcionará a ela o melhor ambiente para sua vida e florescerá com todo resplendor. Quando colocamos o orgulho de lado e nos entregamos à vida, isso é fé. Encontre-a.

A fé é o fio imaginário que nos conecta com o mundo superior, com a inteligência superior, com o propósito da vida, com a felicidade. Essa comunicação é pessoal, privada e o diálogo que se estabelece através desse fio é o ato de humildade que precisamos viver para nos entregar e ter fé.

Fé é uma palavra muito sutil. Nós entendemos, desde cedo, que para as coisas darem certo e conseguirmos um bom resultado, temos que ter fé. Isso está relacionado até à autoestima de acreditar em si mesmo. Se você não tem fé em si mesmo, como quer que as coisas deem certo ou funcionem para você? Ter fé é acreditar... mas, em quê? Alguns tiveram a sorte de ter isso explicado ainda quando pequenos; outros, não. Independentemente disso, é uma descoberta pessoal que temos que enfrentar em algum ponto da vida. Quando esse valor é semeado em nós por outros, ele é uma crença. Quando o descobrimos sozinhos porque permitimos que nasça da semente que está dentro de nós, é a fé.

Ela não é leviana e quando a encontramos nunca mais falamos dela com sutileza, porque conhecemos seu poder e seu nível de exigência. Nos dias em que está tudo bem, ela é suave e sutil, todos a usamos com facilidade. Mas nos dias em que as coisas não estão bem, ao contrário, estão muito difíceis, nem é preciso invocá-la para entender o seu peso.

Eu sempre disse que tinha fé, porque nasci com a fé dentro de mim. Não sei quando ela surgiu em mim pela primeira vez, ou – disso não consigo me lembrar – se vem de outras vidas. Mas me lembro de quando fui desafiada ao longo da vida para ver se ela realmente existia dentro de mim, e lá ela estava, sentada, esperando por mim para avançarmos juntas.

Quando você recebe um diagnóstico de câncer ou de outra doença grave ou ocorre um fato que lhe aproxima da morte, ou você encontra a fé ou afunda, e isso não tem nada a ver com a possibilidade de você morrer ou não, a morte não é um castigo, é um processo natural da vida. A fé ajuda você a seguir o caminho de forma digna e divina. Se o desenlace for a morte, a fé permite vivê-la com toda sua beleza e esplendor sem sofrimento mental ou emocional, ajudando a acalmar qualquer dor física que possa existir no processo.

Tive o prazer de conhecê-la ou assumi-la (porque ela já estava dentro de mim) em 2016, quando fui diagnosticada com câncer de mama. Não busquei a fé por medo de morrer, mas sim pelo desejo de viver bem o resto de meus dias, fossem muitos ou poucos. Quando você realmente tem fé e se compromete com a superioridade do Universo, começa a viver com leveza, sem pesos. Como se faz? É difícil explicar. Minha opinião pessoal é que se trata de uma entrega total, mas consciente, à vida; quer dizer, fazemos a coisa certa em cada situação independentemente do grau de dificuldade e da coragem necessária, ciente de que isso sempre será magicamente orquestrado para o melhor resultado necessário para nossa evolução.

Quando existe essa entrega, com uma cumplicidade profunda, realizando tarefas e atos de coragem para superar situações difíceis, a vida lhe recompensa com as conquistas necessárias. Nunca falha, acredite.

Portanto, busque a fé para se livrar de tudo o que for preciso para alcançar seu propósito de vida, que é a felicidade. Trabalhe internamente para esse propósito, para que você seja recompensado por sua coragem apenas por se dispor a contribuir com o mundo sendo uma pessoa feliz, pois existem muito poucas.

A fé é indispensável para essa fase em que chegou, para deixar ir o que estava lhe machucando e começar a cultivar coisas positivas e crescer, pois nesses momentos em que estamos emocionalmente despidos, sem amarras de qualquer espécie, temos que começar a construí-las, e aí o medo aparece de novo.

Para que não haja medo, devemos necessariamente ter fé, mas também é essencial entender o que é o medo e como ele funciona. Isso ajuda muito no seu processo de extinção.

Vamos começar cortando a árvore pela raiz: o medo não existe, é simplesmente um conjunto de emoções e sensações causadas pela nossa imaginação.

E por não existir, uma vez que se baseia no que poderia acontecer, não há como conjugá-lo no futuro.

O medo é o produto de uma mente com as "rédeas soltas", agindo como um cavalo selvagem que foge e começa a pular descontroladamente, podendo causar danos a si mesmo ou aos outros.

Você pode evitar que ele surja simplesmente permanecendo "presente no presente", consigo mesmo, com seus sentimentos, com suas emoções, com sua mente. Esteja sempre alerta e atento, e quando perceber que começou a soltar as rédeas, diga a si mesmo: "Não, o que acho que vai acontecer não existe, porque é uma projeção para o futuro e eu não posso controlá-lo".

O medo também é o resultado de padrões repetitivos que acoplamos à nossa vida e que funcionam de modo automático. São padrões de comportamento que fomos incorporando em nossa vida de várias fontes. Se você continuar reagindo da mesma forma a situações ou estímulos, o resultado será sempre o mesmo. Agora, se você estiver presente em si mesmo e fizer uma pausa para pensar antes de reagir, provavelmente teremos o começo de uma história feliz. Tanto as emoções positivas quanto as negativas, estas mais ainda, não devem ser vividas como hábitos; ou seja, com respostas automáticas a um comportamento, tanto físico quanto mental, elas devem ser o resultado de um ato genuíno de presença com uma vida pura e digna do presente, sem contaminação.

Pode parecer simples, mas sei que funciona, e é assim que controlo minha mente. Agora, provavelmente cheguei a esse ponto porque estou preparando o terreno já há algum tempo. Isso não significa que eu seja um ser superior ou arrogante, ou que não passe por situações difíceis. O importante é saber voltar ao centro, ao equilíbrio. Significa simplesmente que já vivi situações nas quais senti muito medo e trabalhei para saber como lidar com esse conjunto de emoções e hoje compartilho isso com quem se interessa ou precisa.

O medo só tem serventia na adolescência. Digo isso como mãe de dois filhos que já passaram, ou ainda passam, por essa fase – nela, a coragem não tem limites, desafiando até a natureza humana. Nessa etapa da vida, o medo é útil para os poucos jovens que o têm, para sorte de seus pais, e após essa fase, devemos trabalhar muito para que eles se livrem do medo e cultivem a coragem.

Meu foco principal para dominar o medo foi aprender a controlar minha ansiedade, porque o medo e a ansiedade são tão amigos quanto a raiva e o estresse. Às vezes, os quatro podem estar até no mesmo lugar.

A ansiedade é controlada acalmando a mente e, sim, como já ouvimos milhares de vezes, isso acontece por meio da respiração e, depois, pela meditação, se quisermos continuar avançando. Por que a respiração? Porque a vida começa e culmina com um sopro, porque é o instinto mais natural e inato. Chegamos à vida terrena através do ventre materno, e só revelamos que estamos bem, saudáveis e vivos quando o médico nos dá a primeira palmada e começamos a chorar. O importante não é o choro, mas o passo para a primeira inspiração que isso nos traz. É um momento mágico em que todas as memórias de nossa fase desencarnada desaparecem e são esquecidas, o véu cegante caindo.

Do mesmo modo, o derradeiro momento de nossa vida e do nosso corpo na Terra também se encerra com um último suspiro celestial, que sela a nossa existência e dá lugar ao desligamento da nossa alma do corpo físico para embarcar no caminho da desencarnação. É por isso que o exercício da respiração tem um fator de equilíbrio para as nossas emoções: ele é natural e vital.

Quando uma criança pequena se assusta e perde a calma, independentemente de sua percepção mínima da vida ou de sua compreensão das emoções, a primeira coisa que altera é seu ritmo respiratório. O cavalo selvagem escapou e começou a correr descontroladamente. Obviamente, essa criança não tem condições de voltar ao seu centro e se reequilibrar. Ela precisa da ajuda de alguém para acalmá-la e acariciá-la até que sua respiração volte ao ritmo normal, e fazemos isso instintivamente até percebermos que ela está bem.

Esse mesmo instinto que aplicamos a uma criança, devemos aplicá-lo em nós mesmos, intimamente. Quando vemos que o cavalo selvagem vai se soltar, devemos começar a controlar nossa respiração e ajudá-la a voltar ao seu ritmo natural. É mágico e sempre funciona.

Agora, dispor, todos os dias, gradualmente, de 5 a 10 minutos para se sentar com calma e entender como você se sente internamente e como está a sua respiração é a grande base para começar a viver com tranquilidade. Se pensar que um dia tem 1.440 minutos, e que, com sorte, você provavelmente dorme por cerca de 480 minutos, então 10 minutos seriam menos de 1% do seu tempo ativo. Se você não consegue separar 1% das suas horas de vigília para melhorar a sua qualidade de vida é apenas porque não quer, independentemente do motivo.

É um processo gradual, como já disse, e como tudo na vida, muitas coisas têm que se encaixar para começar, mas tudo depende de um fator: que você se dê a oportunidade. Meditação é algo que virá depois. Acredito que essa palavra intimida muita gente, quando não deveria. A dificuldade da meditação está nas expectativas criadas ao seu redor. Achamos que para meditar temos que parar de pensar, o que é impossível – só se estivéssemos mortos, e nem assim, pois não sabemos se vamos parar de pensar com nossas almas.

Cada órgão do nosso corpo tem uma função vital: pulmões respiram e oxigenam o corpo, o coração bate e bombeia o sangue... e a do cérebro é pensar: se pedimos que não pense, estamos indo contra sua função vital, é irreal. Meditar é não se perder nos pensamentos que aparecem na mente quando estamos na prática da meditação, não enganchar nem se perder na história, não se deixar levar pela corrente do rio e se perder no fluxo. Quando estava começando, li em algum livro uma analogia que para mim sempre fez muito sentido: na hora da meditação, os pensamentos devem ser como macacos pendurados em um cipó – entram por uma orelha e imediatamente saem pela outra –, nunca ficando aprisionados dentro da mente.

Existem milhares de exercícios de respiração que conduzem à meditação – estão na internet, em aplicativos e livros por toda parte. Você pode começar com o mais simples: inspire contando até três, segure o ar contando até três e solte contando até três. A dificuldade está em manter o foco na respiração, e quando aparece um pensamento que o desvie, concentrar-se de novo na contagem durante as respirações. Parece uma verdade simples, mas tente fazer isso ao menos para que entenda como estamos distantes de nossa essência humana; até o ato mais natural e vital nos parece um desafio.

A ansiedade causada pelo medo é o fator principal que nos leva a comer em excesso: isso não é novidade. Esse é um fator intrínseco da mente e, como tal, deve ser tratado resolvendo as emoções que o causam. Dietas, remédios para emagrecer, isso apenas desloca esse sintoma para outras áreas do organismo e isso é perigoso. A dor emocional segue; só se altera o sintoma, não acontece a cura.

Num mundo saturado de cirurgias para emagrecer, tenho visto resultados muito angustiantes. Mesmo que muitas vezes seja possível conseguir um corpo magro com melhores índices do ponto de vista médico, a tortura segue por dentro, e não existe uma possibilidade de extravasar essa angústia na comida – o que cria outros problemas, igualmente graves ou mais.

Sim, a responsabilidade é nossa, sempre foi. Progredimos em tantas coisas que a vida ficou cômoda demais e, dentro dessa comodidade, começamos a delegar tudo: nossa saúde, nossa felicidade, nossos filhos, entre muitas outras coisas.

Bem, creio que a catarse de emoções negativas surtiu seu efeito: passamos pelo perdão, arrancamos a raiva e reconhecemos o medo. Agora, precisamos de uma carga de coragem para seguir em frente e começar a preencher de coisas positivas esses espaços disponíveis em seu interior, para que floresçam e lhe aproximem de conquistar o seu propósito de vida: a felicidade.

Para começar nossa psicomagia de coragem, fé e força, requer-se um ingrediente mágico conhecido por sua força ancestral. Sem dúvida, o primeiro alimento em que pensei foi a quinoa.

A quinoa é considerada por muitos um grão, mas também é correto dizer que é uma semente. Com o objetivo de combater a fome global, a Organização das Nações Unidas para Alimentação e Agricultura (FAO) publicou um livro de receitas para promover seu consumo no mundo todo em 2013 – declarado como o ano internacional da quinoa, em reconhecimento às práticas ancestrais da população andina, por viver em harmonia com a natureza e conservar a quinoa em seu estado natural como alimento. As receitas são de baixo custo, fáceis de preparar, saudáveis e nutritivas. Aconselho que para manter a fé, a força e a coragem, procure esse livro de receitas para que a quinoa seja um ingrediente frequente na sua mesa e um alimento indispensável em sua despensa.

Esse alimento ancestral tem muitas qualidades. Apesar de ser de origem vegetal, tem aminoácidos essenciais que lhe conferem propriedades excelentes, como proteína. Além disso, seus oligoelementos, o teor de vitamina B, ácido fólico e minerais como magnésio, ferro e zinco solidificam ainda mais suas características de poder e força.

A sua capacidade de adaptação a diferentes tipos de solo é admirável e enaltece a sua resistência, podendo ser cultivada em zonas de umidade relativa ou secas e em terrenos altos ou baixos, ou seja, tem o poder de adaptação e a flexibilidade que necessitamos para nos adaptar a mudanças e desafios. Sua riqueza não está apenas nos grãos, mas também nos conhecimentos acumulados pelos povos andinos que preservaram suas diversas variedades ao longo do tempo e das mudanças.

Sou apaixonada por quinoa – quando eu dava aulas de culinária, dedicava um período inteiro a esse alimento incrível. Hoje, em meus restaurantes, é um ingrediente fixo no cardápio. É uma forma de espalhar fé e coragem pelo mundo.

Países como Equador, Bolívia, Peru e Chile contribuíram com o livro de receitas da FAO, mas seu cultivo se estende por toda a região dos Andes, o que explica a admiração que sinto por ela.

Seu nome científico é *Chenopodium Quinoa Wild* e está presente nos Andes há sete mil anos. Foi um alimento muito importante para os povos pré-colombianos, responsáveis por sua manutenção e distribuição. Em decorrência de seu poder e valor, eles chamavam a quinoa de grão de ouro dos Andes.

A palavra *quinoa* vem da língua quéchua, do povo indígena sul-americano Quéchua ou Quichua, e significa "grão sagrado". Era usada na época dos Incas por suas propriedades medicinais. Hoje em dia, depois de divulgado o seu valor nutricional e medicinal, seu consumo se espalhou em todo o mundo, principalmente nos países desenvolvidos.

Se você ainda duvida do seu poder e força, saiba que tradicionalmente a quinoa era usada inteira para fins medicinais; seus caules, folhas e grãos eram conhecidos por suas propriedades cicatrizantes, anti-inflamatórias, analgésicas para dor de dente e antisséptico das vias urinárias. Também era usada para restaurar ossos quebrados, curar hemorragias internas e até como repelente de insetos. Ela é tão autossuficiente que contém o próprio repelente para se proteger de pragas e insetos: o composto se chama saponina e dá um sabor amargo ao alimento cru, por isso é recomendável lavá-la antes do preparo.

Quando ela cresce e floresce, a cor lilás a invade em todas as suas tonalidades, dando uma beleza impactante aos campos de cultivo; sua cor representativa da cura a torna um alimento ainda mais perfeito para nossa culinária de psicomagia.

Em 2009, tive a oportunidade incrível de ir à Bolívia e visitei o Altiplano Boliviano. Apesar de ter ido a trabalho, descobrir essa grandeza transformou a viagem em uma experiência inesquecível. Se algum dia você tiver a chance de ir até lá, recomendo a visita, e faço uma resenha breve para incentivá-lo.

Depois de diversas reuniões em Santa Cruz e La Paz, era hora de visitar um laboratório farmacêutico que ficava no Altiplano. Já cansadas pela jornada de trabalho e pelas dificuldades que tínhamos passado – eu e minha colega –, em especial pela diferença de altitude na capital, nos dirigimos ao local, meio forçadas, e descobrimos um lugar mágico e único.

Se tínhamos dores de cabeça e problemas com a altitude de La Paz, isso era só o começo. A cidade tem uma altitude acima do nível do mar de mais ou menos 3.500 metros, e no Altiplano pode chegar a mais de seis mil. Nosso destino ficava a 4.400 metros de altitude; lembro muito bem porque, à medida que subíamos, apareciam as placas indicando a altura, como um incentivo ou alerta.

Já se passaram dez anos, mas eu me lembro como se fosse ontem, foi uma experiência muito marcante. Eu estava na Bolívia tinha uns quatro dias e o chá de coca já fazia parte do meu cardápio diário para ajudar com as dores de cabeça e as tonturas causadas pela diferença de pressão. Fomos para o Altiplano, eu vestida com calça preta, blusa, jaqueta e botas pretas de salto alto – obviamente para ter uma aparência profissional em nossa visita de trabalho –, mas isso acabou servindo apenas como um grande empecilho para chegarmos ao nosso destino.

Não sei quantas voltas demos de carro para chegar ao nosso cliente; eram intermináveis. Sentia que o ar era sólido e tinha a impressão de que não passava do meu nariz para o pulmão: eu parecia um cão arfando depois de uma longa corrida, acho que até babava. Enquanto isso, na beira da estrada, os nativos do Altiplano passavam correndo por nós, deixando clara minha inferioridade física. Saímos relativamente perto do destino que ficava atrás da catedral e onde não se podia entrar de carro. Por um momento, pensei até em pedir ao motorista que me pegasse nos braços, mas desisti, com medo de ser jogada montanha abaixo. Em frente à catedral, havia uma feira de artesanato com bancas cheias de tecidos e trabalhos artesanais típicos, junto com centenas de fetos de lhama mumificados em diversos tamanhos. Era uma cena mágica, mística e aterrorizante: os fetos eram vendidos como amuletos ou para uso em bruxarias e rituais, e juro que, mesmo que a altitude ameaçasse minha vida e meu destino, nunca consideraria a possibilidade de comprar um feto daqueles para garantir minha sobrevivência.

Da forma que podíamos, começamos a caminhar no meio da multidão composta principalmente por índias bolivianas com saias coloridas e turistas – em sua maioria jovens europeus, há dias tomando chicha, uma bebida alcoólica típica, e mascando folhas de coca, o que dava ao local um ar de ilusório, especialmente quando a cor da pele e dos cabelos eram claras como os picos nevados das montanhas. Independentemente do esforço, não podiam passar despercebidos. Apesar de seu contraste com o ambiente ao redor, sem dúvida havia duas figuras que se destacavam ainda mais: eu e minha colega, vestidas com trajes de outro planeta, de saltos altos e sem fôlego, tentando avançar entre os fetos de lhama e os loirinhos em estado psicodélico.

Quando chegamos ao laboratório, quase em estado de transe, fomos recebidas pelo gerente, um alemão que se destacava com sua barba e cabelos ruivos entre tantos nativos. Ele nos convidou com cordialidade para entrar e seguimos para seu escritório que magicamente ficava no alto de uma escadaria infinita que parecia chegar quase ao paraíso do Altiplano. Minha colega e eu nos olhamos e tentamos respirar fundo um ar que não existia no lugar para subir provavelmente além de quatro mil e quatrocentos metros de altura. Subimos com passos lentos e pesados, grudando as duas mãos no corrimão que era a única coisa que nos mantinha de pé, enquanto o colorido alemão falava e se movia com uma facilidade humilhante. Quando chegou ao último degrau, depois de ter narrado toda a história do laboratório, ele se virou e descobriu que as duas malucas deslocadas estavam quase desmoronando escada abaixo. Sorrindo, ele nos ofereceu chá e balas de coca, aos quais nos agarramos como se fosse um tanque de oxigênio.

Saindo do laboratório, os produtos divinos da coca nos devolveram a energia, a capacidade de respirar e de nos mover com pouco oxigênio, assim como anestesiaram as dores nos pés causadas pelos saltos inadequados. Diante dessa ressurreição, decidimos explorar um pouco mais o lugar na incerteza de sobreviver para voltar algum dia.

Ficamos sentadas nas escadarias da catedral, e as mulheres nativas de saias rodadas circulando por todos os lados, as costas sempre carregando trouxas e crianças amarradas, sem dúvida conquistaram nossa admiração. Apesar do frio brutal do Altiplano, seus rostos com bochechas vermelhas queimadas pelo frio traziam um imenso sorriso que mostrava sua força contra as adversidades dos arredores. Na época, eu não conhecia os poderes da quinoa; sem dúvida, hoje sei que a totalidade, a força e a integridade dessas mulheres é graças a esse alimento que manteve esse povo firme e forte contra a fome e a pobreza enfrentadas em suas vidas por milhares de anos. A infinita generosidade da natureza sempre nos dá os meios para sobreviver aos desafios da vida. Hoje, em sua mesa, você terá o privilégio de receber essa fonte de força ancestral. Sinta a bênção da gratidão que invade seu corpo, sua mesa.

Anos mais tarde, em 2016, algumas semanas depois de meu diagnóstico de câncer de mama, a história que relato em meu primeiro livro *Quando as emoções nos adoecem*, tive a oportunidade de voltar ao Peru e visitar Cuzco e Machu Picchu, onde a quinoa é sagrada nos menus de todos os lugares, tanto no café da manhã como no almoço e no jantar. Sem dúvida, essa comida deu aos Incas a força para construir a cidade de Machu Picchu, a 2.400 metros de altitude, no topo da montanha. Diante de todas essas provas de forças ancestrais, os poderes e benefícios da quinoa são indiscutíveis.

Receita e psicomagia: "Tortilla de Quinoa"

Serve: 4 a 6 pessoas
Objetivo: obter coragem

Ingredientes:

500 ml de água fervida, morna
1 xícara de quinoa branca
1 maço de espinafre
5 ovos inteiros
1 colher (sopa) de cebola picada
Ghee, manteiga ou azeite
Sal marinho
Pimenta fresca

Utensílios:

Escorredor

Panela para preparar a quinoa

Colher de madeira

Frigideira de aproximadamente 20 cm de diâmetro

Primeiro vamos preparar a quinoa. Normalmente, existem dois ou três tipos: branca, mista e vermelha, e todas são preparadas da mesma forma. Usaremos a branca, pois é mais fácil de encontrar e mais macia em textura, mas você pode tentar a mesma receita em outro momento com outro tipo de quinoa.

Lave os grãos com a água morna como se fosse arroz; massageie e sinta os milhares e milhares de grãos que enchem a palma da sua mão, que penetram entre seus dedos e sinta toda a jornada dessa fonte de força terrena que chega até sua mão, até sua mesa. Pense nas mulheres de saias rodadas e coloridas com seus filhos pequenos amarrados às costas. Sinta o frio e a umidade da névoa da manhã que abraçaram essa mulher enquanto ela fazia a colheita do que hoje chega à sua mesa.

Pense na vida dessas mulheres, em sua história de superação, na cumplicidade e no pacto que têm com a natureza, e continue lavando a quinoa. Agradeça a sororidade das mulheres andinas que se esforçaram ao longo de sete mil anos para preservar esse grão dourado. Respire fundo, retirando com o fluxo da água os grãos que grudaram na sua mão e reserve a quinoa no escorredor.

Ferva cerca de 2 xícaras de água. A quinoa é cozida na proporção de 1:2, uma medida de quinoa para duas de água. Em uma panela adequada, coloque um pouco de ghee ou azeite, ou a gordura que preferir para refogar os grãos e leve ao fogo médio. Adicione a quinoa e mexa delicadamente, do mesmo modo que é feito com o arroz. Coloque sal a gosto e despeje a água fervente. Reduza para fogo baixo e tampe a panela; deixando cozinhar por aproximadamente 15 minutos.

Quinze a vinte minutos é o tempo adequado para preparar a quinoa; a branca é a mais rápida de cozinhar, ela dobra de tamanho com muita facilidade, então, é um alimento que rende muito. Pode ser facilmente congelada, então, cozinhe uma quantidade maior da próxima vez e assim terá tempo disponível para outros preparos.

A maneira mais fácil de saber se a quinoa está pronta é vendo a mágica aparição de uma espécie de auréola em volta dos grãos, o que nos indica sutilmente a divindade desse alimento sagrado.

Nesse momento, observe a abundância que se manifesta à sua frente – milhares e milhares de grãos prontos para lhe dar toda a força para esse novo começo, milhares de auras angélicas diante de você admirando e agradecendo sua coragem por se permitir esse novo jeito de viver. Deixe a quinoa descansar. Foi uma longa jornada para chegar à sua mesa.

Pegue o maço de espinafre e separe cada uma das folhas, cortando os caules e lavando as folhas delicadamente. Essas folhas verdes vão ajudar a remover algumas toxinas que ficaram no caminho de toda essa purificação. Caso você ainda se sinta presa, confinada ou apegada a pensamentos antigos, essas folhas verdes irão lhe trazer a liberdade de que precisa. Deixe-as escorrer até perderem a maior parte da água.

Em uma frigideira antiaderente de 20 centímetros de diâmetro, ou de tamanho similar, coloque um pouco de azeite ou a gordura da sua preferência. Leve ao fogo, junte a cebola picada e refogue rapidamente com as folhas de espinafre. Tempere com sal e pimenta a gosto; misture com a colher de pau até que todas as folhas estejam macias por igual. Retire do fogo e descarte o líquido residual das folhas. Deixe esfriar.

Em um recipiente adequado, bata os ovos inteiros com um garfo. Junte a quinoa já cozida, as folhas de espinafre refogadas, misture bem e tempere novamente com sal e pimenta. Certifique-se de que todos os ingredientes estão misturados de forma homogênea.

Na mesma frigideira que preparou o espinafre, espalhe o azeite uniformemente sobre toda a superfície e despeje a mistura; leve ao fogo baixo, podendo tampar, desde que não grude na superfície da tortilha.

O cozimento da tortilha leva cerca de 20 minutos. Quando o centro da tortilha estiver visivelmente quase firme, este será seu primeiro teste de coragem: coloque a tampa ou um prato em cima da frigideira e vire a tortilha; então, coloque-a de volta na frigideira, para que cozinhe do outro lado. Se por algum motivo esse processo não acontecer perfeitamente, não se preocupe, você terá muito mais tortilhas à sua frente na vida. Lembre que a fé traz perseverança, e perseverança traz uma tortilha perfeita. Deixe a tortilha por mais cinco minutos para terminar o cozimento do interior e, em seguida, vire-a sobre um prato de tamanho apropriado, deixando a primeira superfície cozida voltada para cima. Corte as porções a gosto.

Essa tortilha pode ser acompanhada por uma salada, um purê de abóbora ou uma sopa. É uma refeição completa, que contém tudo o que se necessita para começar a sua nova vida emocional. Pode ser consumida no almoço ou no café da manhã, quente ou fria; ou pode ser um lanche maravilhoso. Se desejar, misture com outros vegetais além do espinafre, como couve-flor, brócolis, cenoura etc. Pode até ser doce: basta tirar os vegetais e adicionar açúcar, canela, cardamomo e alguma fruta seca.

Esta receita com o grão de ouro permitirá que você entenda que na vida existem milhões de oportunidades de se reinventar, de se renovar diante dos desafios, de recomeçar. Quando se sentir presa na estrada, coloque sua quinoa para cozinhar, faça uma oração pedindo força e inspiração de todas as auréolas andinas que vieram até você e crie sua nova receita, sua nova alquimia de sabores; inspire-se, use a criatividade e se maravilhe com a energia que virá até você.

Grão de quinoa em flor.

Capítulo 5
Soltando e avançando

Você avançou muito no seu processo de limpeza das emoções negativas. É provável que sinta cansaço, mas isso é normal: seu corpo está trabalhando a todo vapor, descartando o que é inútil. É importante que nesses dias você coma de forma leve e apenas a quantidade necessária para não sentir fome: precisamos evitar excessos para que o corpo possa se concentrar no processo de limpeza e não tenha que gastar energia desnecessária ao fazer o trabalho digestivo.

Se você ainda não começou a meditar, é importante que encontre momentos de paz e solidão para refletir que, só pelo fato de ter reconhecido e enfrentado suas emoções negativas, o processo de cura é inevitável. Você não precisa mais comer em excesso porque nesse processo de limpeza você conheceu a maravilha de ter um corpo leve de emoções, de cargas. E também porque, até agora, você se deu o direito de sentir todas as suas emoções, não precisa mais disfarçá-las ou escondê-las por trás de um estímulo físico ou material. Dê a si mesmo o direito de sentir, para que as coisas tomem forma, se apresentem e se transformem. Felicidade plena não significa nunca estar triste ou nunca passar por coisas negativas. Felicidade plena é ter fé e calma para enfrentar de forma saudável os desafios e os momentos mais exigentes da vida, permitindo-nos voltar novamente ao nosso centro, onde tudo é felicidade e gratidão. Quanto mais desafios enfrentamos, mais nosso centro se fortalece, cada vez mais se tornando um lugar mais mágico e encantado para onde sempre queremos voltar.

Essas emoções negativas que nos faziam comer demais pediram para ser digeridas várias vezes, mas por medo de enfrentá-las, comíamos em excesso, distraindo nosso corpo ao digerir outros alimentos para não chegar a elas. Agora é diferente: nós estamos digerindo para absorver o que precisamos em nossa vida, e o resto descartamos como resíduos que serão reabsorvidos pela terra. Cada experiência, por mais forte ou negativa que seja, deixa algo para aprender e evoluir. O importante é soltar.

Solte.
Solte o que não existe mais,
Solte o que não o deixa caminhar.
Não se apegue à dor do passado,
porque ele não existe mais.

Se você se agarrar, se você empacar,
apenas da fonte isso o afastará.
Solte.
Que ele virá e o encontrará

Solte o que não existe mais,
solte sem hesitar.
Solte e abra os braços,
Que essa vida vai lhe recompensar.
Deixe ir sem medo,
que ele vai lhe acompanhar.

Às vezes, quando sentir que está difícil seguir em frente, recite os versos na primeira pessoa, de pés descalços, para se ancorar no presente. Ande devagar em círculos largos; se puder fazer em uma área externa será muito mais benéfico pisar no chão ou na grama. Complete 7 círculos recitando os versos na primeira pessoa, os círculos ímpares 1, 3 e 5 devem ser feitos no sentido anti-horário, com os braços voltados para o chão; a palma das mãos voltadas para dentro, olhando seus músculos, dedos abertos apontando para a terra. Os círculos de número 2, 4 e 6 devem ser feitos no sentido horário com os braços bem levantados em direção ao céu, as palmas das mãos voltadas uma para a outra e os dedos abertos. O sétimo círculo deve ser feito no sentido horário com os braços cruzados sobre o peito, mão esquerda sob a direita, abraçando o coração.

Em minha busca pelo autoconhecimento assisti a tantas palestras, cursos, li tantos livros, mas confesso que faz pouco tempo que entendi do que se tratava a história! E foi isso que me motivou a escrever este livro. Espero que meus guias me iluminem para poder verbalizar esse estado de felicidade plena; e quem estiver pronto para receber, receba; e quem quiser iniciar a busca, que assim seja.

Fala-se da abundância, da materialização dos sonhos em todos os livros de autoajuda ou autoconhecimento; proclama-se que se encontrarmos nosso propósito, nossos sonhos, seremos felizes. Hoje, depois de minha busca, posso dizer que a ordem das coisas está errada, "devemos primeiro ser plenamente felizes para encontrar nosso propósito, conquistar nosso sonho e viver em abundância".

Sei que à primeira vista isso não faz sentido, mas é única e exclusivamente porque vivemos numa cultura totalmente capitalista e materialista: desde crianças nos ensinaram que para sermos felizes tínhamos que obter muitos bens materiais, e não é assim. E, sim, vivemos em um mundo com muita desigualdade social e muita gente vai pensar que é fácil falar quando se tem uma vida confortável, eu entendo. Mas se pararmos para pensar que estamos nesta terra para crescer e evoluir, entenderemos que o presente que vivemos é aquele em que precisamos estar para crescer e superar nossas limitações. Se trabalharmos nesta vida, na próxima oportunidade de recomeçar teremos um caminho mais fácil. Sim, estou falando de reencarnação, ela é a amostra da bondade da inteligência superior de nosso planeta: ela existe apenas para que possamos melhorar nossa vida e para que os atos contra a moral universal sejam pagos – se não nesta vida, será na próxima; ninguém ficará impune. Aparentemente, a vida parece injusta com tantas diferenças sociais, mas se tivermos fé em nossa força e sentido universal, entenderemos que tudo é justo e necessário; então aprenderemos a viver em paz, em harmonia e em sintonia com a vida que nos tocou. E aí surgirão os primeiros sinais de abundância, porque começamos a avançar, a fluir, a crescer. Nós não fazemos mais resistência, porque entendemos o propósito da vida e somos parte de um todo.

Quando passamos a agir em prol da coletividade, do próximo, entendemos nosso propósito de vida e automaticamente nos desapegamos das coisas materiais, porque compreendemos que a felicidade não está nelas. Nós começamos a colocar nossa energia em outras forças, em outras intenções de valores e princípios que nos tocam como parte do Universo; desviamos a energia das conquistas materiais e magicamente as coisas materiais que queríamos começam a aparecer e não parecem tão distantes. Simplesmente pelo fato de começarmos a trabalhar pela coletividade maior, o Universo nos recompensa.

Não posso pedir que acredite em mim simplesmente por minhas palavras. Mas sei que se você fizer esse trabalho de evolução interna vai comprovar isso pessoalmente. É um desafio. Não é fácil, não é rápido;

a prova está na explosão demográfica que vivemos, muitos terão que reencarnar porque não avançaram, não evoluíram. Guerras, desastres naturais, fome e agora pandemias são medidas que precisaram ser impostas para renovar nossas necessidades em maior velocidade e volume.

Por isso convido você a rever seu conceito de propósito de vida. Muitos ouvem isso e pensam: "Ah, eu quero ser engenheiro e ter uma construtora..." ou "Quero ser professor e ajudar milhares de crianças..." ou "Quero ter uma quantidade X de dinheiro" e por aí vamos. Mas a verdade é que o propósito da vida é ser feliz: o resto é secundário e essas atividades ou desafios de vida que escolhemos nunca terão sucesso se não partirem de uma pessoa feliz. O propósito é o que nos move e nos guia, o que nos faz buscar. Mas a fundação disso não está na matéria, no que é palpável: está no espiritual, e não tem nada a ver com religião.

Definirei como "espiritual" a conexão íntima e pessoal que temos diretamente com o Universo e com a inteligência universal, a sós, em nosso íntimo, e é essa força universal que tudo pode.

Não é fácil, como disse, porque requer consciência, coragem e fé. Senão, todos seríamos felizes, e pessoas felizes são as que mais estão em falta neste mundo; então, por favor, concentre-se no verdadeiro significado da felicidade. Ser feliz não significa estar sempre disposto a ir a uma festa para tomar todas e virar a pessoa mais alegre do lugar. Felicidade plena é a da pessoa que, apesar de ter tido um dia difícil ou das coisas não estarem bem, se levanta com um sorriso no rosto ao começar o dia, presenteando com esse sorriso a todos que cruzarem seu caminho, e que sempre vê o próximo com um olhar doce e gentil. Isso é viver em plena felicidade. Agora eu lhe pergunto: você é feliz?

Essa felicidade que acabo de descrever é o verdadeiro sentido da caridade. Quando aprendemos a viver na caridade, entramos em sintonia com o propósito maior e tudo começa a ficar melhor em nossas vidas e passamos a viver em abundância. Obviamente, a caridade pode existir com ajuda material, mas para quem tem o que dar, essa é a parte mais fácil. Para quem recebe, também. Porém, muitas vezes as pessoas necessitadas que recebem uma doação não a apreciam tanto quanto gostariam porque não sentem que ela lhes pertence. Isso acontece simplesmente porque a energia usada na doação é material. Quando fazemos caridade moral, a energia é outra, é celestial.

É algo já estabelecido, ao longo da história, em muitos textos religiosos: "Fora da caridade não há salvação". E a frase serve mesmo que se interprete como salvação uma vida sem sofrimento. Se isso foi descoberto milhares e milhares de anos atrás, para que seguir insistindo em outro caminho, se já nos foi dada a solução? A chave é entender o que é a caridade: o verdadeiro amor pelo próximo, pelo Universo.

Bem, vamos voltar ao nosso processo para alcançar a felicidade plena, mas primeiro deixe que eu me adiante um pouco. Se você sentir preguiça, tédio ou pensar que pode seguir em frente sem fazer esse trabalho pessoal e nunca sentir arrependimento, vou contar uma história.

Capítulo 6

Um encontro inesquecível

Um dia, chegou a mim uma pessoa que queria fazer hipnoterapia para ajudar a lidar com o momento que estava passando. Ela fora diagnosticada com um linfoma raro e muito agressivo e, como resultado, com sorte lhe restavam apenas três meses de vida. Quando um amigo em comum me pediu para recebê-la, não pude recusar: quem sou eu para negar algo numa situação como essa? Confesso que fiquei com medo porque não sabia o que deveria fazer. Eu acreditava que tinha forças para manter uma conversa com alguém que estava enfrentando a morte, sobretudo por ter superado recentemente um câncer de mama. Mas, ao mesmo tempo, eu não sabia se realmente tinha o necessário para ajudá-la. Apesar da minha insegurança, segui minha intuição e aceitei o encontro.

Uma mulher exatamente da minha idade veio me procurar uma tarde e, apesar da calvície causada pela quimioterapia, não se podia perceber que ela estava com câncer terminal. Essa é a parte irônica dessa doença cruel. Ela se sentou em frente à minha mesa e me explicou que não podia entender como tinha tão pouco tempo de vida e, naquele momento, começou a descrever uma lista de arrependimentos por tudo que havia deixado de fazer, da forma que tinha vivido, de como havia esgotado seus dias, de como não se sentia plena antes de partir.

Compartilho essa história porque pedi e recebi a permissão para compartilhá-la. A identidade dela não será revelada porque não contribui para o objetivo.

Ela reclamava, principalmente, por ter passado anos infeliz em um relacionamento no qual nunca expressou o que queria, o que necessitava; ela amava o marido, mas havia muito tempo que quase não se falavam. Ela tinha se apegado ao comportamento de não ser a primeira a ceder e tinha passado uma vida inteira assim, e agora estava chegando ao fim. Ela lembrava que gostava muito de música, de sair para dançar, mas não conseguia saber ao certo quando havia sido a última vez que saíra com o marido para se divertir. Apesar de não terem um bom relacionamento, ela o amava; mas era tão difícil voltar a se comunicar com ele e expressar esses sentimentos; ela me dizia que a vida tinha passado rápido demais, e agora estava desesperada porque não sabia por onde começar. Nesse momento, entendi que por meio dela a vida havia me dado a sua melhor lição; foi muito difícil me conter para não começar a chorar porque eu sentia seu desespero e sua dor muito intensamente, mas não podia desabar em lágrimas, minha compostura era a forma de oferecer um ombro a uma mulher que nunca havia visto em minha vida, mas que havia me presenteado com uma lição inesquecível.

Tentei acalmá-la de mil maneiras pedindo que não pensasse no que não fez, mas no que ainda podia fazer. Eu não sabia o que dizer diante da tragédia tamanha que era sentir ter vivido toda a vida da forma errada. Não havia palavras quando se lutava contra o tempo.

Eu poderia até ter pensado em um milagre, mas algo me dizia que ela estava pronta para partir.

Ela ficou agitada com suas frustrações e, em prantos, começou a sentir uma forte onda de calor, o que é muito comum nesses tratamentos; parece que estamos pegando fogo por dentro. Tentei acalmá-la e, no meu desespero, preparei um prato com uvas verdes, kiwis e laranjas para apagar aquele fogo – sim, sempre soube que a comida tem um poder de cura. Então, ela se acalmou e comeu as frutas, comentando que estavam uma delícia. Confesso ter sentido um certo alívio, e com ela se concentrando em comer as frutas e hidratar o corpo, conseguimos apagar um pouco aquele fogo. Gentilmente, eu a convidei a fazer uma sessão de hipnoterapia. A verdade é que acabou sendo mais uma meditação induzida para ajudá-la a relaxar e se desapegar daquelas frustrações. Isso me pareceu mais apropriado – não fazia sentido tentar curar emoções do passado quando já tinha que se preparar para partir.

Ela alcançou um relaxamento total, seu corpo parecia um sorvete derretendo ao sol e, assim, encerramos a sessão com uma sensação de paz, sem desespero de lutar contra o tempo.

Terminamos nosso encontro e recebi um dos abraços e um dos agradecimentos mais intensos da minha vida. É muito difícil explicar a existência de tanta cumplicidade entre duas estranhas que nunca haviam se visto na vida. Não tenho dúvidas de que foi minha primeira demonstração de caridade mútua e de amor pelo próximo.

Eu a convidei para que voltasse quando quisesse, dizendo que ela nem precisava pagar, que eu estava feliz da vida só em recebê-la, mas ela nunca mais voltou. Trocamos algumas mensagens no telefone, eu queria saber como ela estava. Ela me disse que não tinha tempo para nada entre tantos tratamentos e sintomas, e sentia-se muito consumida pela quimio. Algumas semanas depois nos falamos novamente, e ela me contou que estava muito bem e que o tamanho dos tumores tinha diminuído, o que era muito bom; ela parecia feliz. Um mês depois recebi a notícia de que ela havia desencarnado.

Seu rosto e suas conversas ainda estão no meu celular, mas não tenho coragem de ler, nem de ouvir, nem de olhar; vou deixar que o vento leve tudo embora.

Para mim, até hoje, aquele foi um momento muito marcante e, ao lembrar do encontro, posso sentir sua presença. Hoje sinto que ela está feliz. Esse ser que simplesmente passou pela minha vida – para me ensinar que temos que saber viver, que temos que vivenciar a dor e a tristeza, que temos que perdoar, que temos que falar e pedir –, me confirmou que eu estava no caminho certo do autoconhecimento, de conhecer minha verdade, meus medos, minhas dores para viver em paz com minha vida, para viver em plena felicidade.

Por isso peço a você que não freie nem resista a esse processo. Esse é um jogo da vida que não podemos ganhar: chega o momento final e então nos perguntaremos se vivemos plenamente, avançando. E se você descobrir que passou seus dias em estado dormente, evitando obstáculos, vai sentir dor, frustração e imensa tristeza. Ter visto alguém se arrepender pelo jeito como viveu sua vida, desesperada por não ter outra chance, foi algo que mudou a minha vida, me deu mais coragem e força para buscar o sentido de viver. A morte é garantida para todos e eu quero morrer em paz, de acordo com o modo como vivi.

Doenças crônicas, especialmente o câncer, são a maior causa de mortes no mundo. Mais de um milhão de pessoas morrem no Brasil e nos Estados Unidos em decorrência desse tipo de doenças. As ósseas, por exemplo, têm mortes relativamente lentas, há tempo para avaliar a história, para pensar no que foi feito e no que se deixou de fazer.

Por isso, quero que você inicie esse caminho de autoconhecimento por você, por sua família, pelo mundo.

Faz pouco tempo, a pedido dos meus guias espirituais, concluí o curso "Como ajudar alguém que está morrendo", da Dra. Ana Claudia Quintana Arantes, um ser espetacular. Vale a pena buscá-la nas redes sociais para conhecer seu trabalho. Seu curso apresenta a morte de uma maneira tão humana... o que é extraordinário, tratando-se de um assunto tão comum, tão natural, mas ainda tão tabu, tão evitado.

Seus relatos de inúmeras experiências decorrentes de sua profissão de geriatra especializada em cuidados paliativos – que são os últimos cuidados para pacientes que não têm prognóstico de sobrevivência – deixam o mesmo ensinamento ou impressão. Nesses últimos momentos, em que a morte é inevitável, encontramos o conforto da paz em nossa história. Isso nos dá a aceitação de concluir o processo de forma pacífica e digna e, ao mesmo tempo, nos permite dar um pouco de paz àqueles que nos acompanham nesse processo. Nossos familiares e amigos, ao verem nossa satisfação pelos dias vividos, sofrem menos e ressignificam a vida.

Então vamos em frente porque tudo na vida é um ciclo; tudo tem um começo e um fim. Que nosso último suspiro seja o início de uma eternidade maravilhosa.

Antes de seguir, devo fazer um esclarecimento que normalmente faço em meu trabalho de *coaching*: nesse processo de cura é bem provável que ocorram muitas descobertas; entre elas, muitas vezes as pessoas percebem que alguns relacionamentos complicam a vida ou trazem emoções negativas. Não estou falando apenas de relações entre casais, falo de todas as relações humanas. Nesse processo de reorganização emocional, a pessoa pode se colocar na posição de querer cortar e acabar com todos os relacionamentos complicados de uma vez, e se isso por acaso acontecer com você, eu aconselho a não fazer isso; leve as coisas com calma, não aja de forma precipitada e faça uma análise e uma reflexão correspondente a cada relacionamento. Todas as relações humanas são difíceis e, dito isso, não podemos mudar os outros; aquele que está à espera de que os outros mudem para só então melhorar ou ser feliz está perdido. O que devemos, podemos e temos que mudar é a forma como reagimos aos outros, perante o seu comportamento – isso é maturidade e inteligência emocional, que é um ato benéfico em nossa vida. Obviamente, existem exceções e existem relacionamentos tóxicos e violentos que não deveriam mais fazer parte da nossa vida; mas em um contexto relativamente normal, estes são uma minoria. Devemos ser tolerantes para poder viver em sociedade, devemos respeitar nossa história de vida e nossos relacionamentos. Cada pessoa que cruza nosso caminho é enviada para que possamos aprender uma lição, cada pessoa nos traz algo de negativo ou positivo, e se transformarmos isso em aprendizado, será sempre algo positivo. Então, por favor, não surte mandando todo mundo para aquele lugar, porque nem sempre é o que você precisa, ou a solução.

 O que devemos fazer é resgatar a criança ferida que existe em nós. Todos temos algumas faltas e desejos insatisfeitos – eles devem ser reconhecidos e colocados diante de nós para entendermos nossas necessidades. Logo, essas necessidades e desejos devem ser satisfeitos por nós mesmos. Aqui está outra chave para ser feliz e viver plenamente: nossa felicidade e nossa satisfação pessoal dependem de nós e não de outros.

 A criança ferida aparece em algum momento do passado no qual se viveu um sentimento ou uma emoção muito forte que não pôde ser manifestada e demonstrada. Nesse momento, existe a possibilidade de uma criança ferida nascer. Todos nós temos uma criança ferida internamente, ou várias – por isso muitos adultos agem com um emocional infantil, principalmente no que diz respeito a relacionamentos, criando grandes problemas para si mesmos. Por meio do autoconhecimento, devemos trabalhar essa criança interior; a terapia é uma excelente ferramenta e faz parte do autoconhecimento.

Quando nos dedicamos a suprir nossas necessidades pessoais antes de entrar em uma relação de amizade, trabalho ou amor – uma relação social de qualquer âmbito em que caminhamos livremente junto com o outro –, essa será uma relação que nutre os dois lados, que enriquece.

Em contrapartida, quando tentamos preencher nossos vazios a partir do outro, vivemos sempre na dependência e com medo do abandono, da perda. Estamos sempre em estado de alerta: não ficamos em paz, deixando fluir e curtindo a jornada. Não é uma relação que nutre, é uma relação que esgota.

Vivemos em uma sociedade que ainda não curou a criança ferida, suas lembranças dolorosas; as atitudes negativas nos perseguem, nos sequestram da felicidade, criando uma imagem distorcida de nós mesmos, deixando-nos assim presos ao passado, sem podermos avançar.

Todos os escombros do passado precisam ser retirados de nosso interior, e é isso que estamos fazendo!

Já perdoamos, liberamos a raiva e adquirimos coragem. Muitas emoções negativas e positivas surgirão nesse processo; o caminho não é fácil, mas a caminhada fica mais leve e agradável à medida que avançamos. Então, não há caminho de volta, não há quem queira voltar ao ponto de partida e também não há ponto de chegada, porque a felicidade é eterna e infinita.

Existem ferramentas diferentes que podem nos ajudar e inspirar a manter o ritmo da caminhada – meditação, vida saudável, música, hobbies, artes etc. Um oráculo é uma forma de receber inspiração para nos conectarmos com a nossa intuição, com o nosso interior. Por isso criei as cartas do oráculo Alquimia dos Alimentos, elas servem como um apoio ao longo do caminho, sempre nos lembrando do ritmo a seguir.

No oráculo, temos 24 cartas cheias de inspiração, cada uma associada a um alimento específico que vai trazer a energia necessária para continuar em frente:

1. Simplicidade
2. Abundância
3. Fé
4. Perdão
5. Leveza
6. Generosidade
7. Misericórdia
8. Compaixão
9. Alegria
10. Amor
11. Desapego
12. Coragem
13. Celebração
14. Gentileza
15. Prudência
16. Autoconhecimento
17. Ação
18. Aceitação
19. Tolerância
20. Paciência
21. Transformação
22. Empatia
23. Resiliência
24. Gratidão

Autoconhecimento
romã

Chave que abre nossos segredos
e fecha o que não nos cabe mais.
Luz que ilumina nossas sombras
e clareia nossa escuridão.
O mapa de nossos tesouros.

Autoconhecimento é romã que
sabe a beleza que guarda dentro
da casca imperfeita.

Desenvolva o autoconhecimento
com saladas de folhas
aromatizadas com romã
e queijo de cabra.

Alquimia dos Alimentos

Carta do autoconhecimento do oráculo Alquimia dos Alimentos.

Fonte: autora.

Oráculo Alquimia dos Alimentos para abrir-se a transformação.

Fonte: autora.

Essa metamorfose de sentimentos e comportamentos é um processo constante. A depuração – o desprendimento do que tem que sair – já começou e, com isso, devemos abrir espaço para que entre o novo, tudo que é positivo e grandioso e que resumirei em duas palavras que fazem parte do nosso oráculo e que contêm todas as emoções e sentimentos positivos que existem: Amor e Gratidão.

Antes de seguir em frente com essas emoções maravilhosas, gostaria de fazer algumas recomendações baseadas no fato de que o resultado da nossa felicidade envolve corpo e mente, para que a comunicação entre os dois dê frutos à magia do todo.

Viver plenamente a felicidade exige uma mudança de pensamentos e sentimentos. Eles devem ser mudados, como já mencionado várias vezes, por meio do autoconhecimento, mas existem outros fatores e atitudes que ajudam a acelerar o processo e alcançar o sucesso mais rapidamente.

Um deles é compreender que acordar com sentimentos positivos deve ser um hábito. Se você viveu muito tempo triste, com uma atitude negativa, reclamando de tudo, você já adquiriu essa atitude como um hábito e provavelmente nem percebeu. É preciso romper esse padrão e para isso você deve estar consciente e presente, atento ao seu humor ou estado emocional, principalmente ao acordar.

Quando acordamos, é um novo começo, uma nova oportunidade. Tirando o romantismo dessas palavras, obviamente as dores de cabeça ou os problemas do dia anterior que não puderam ser resolvidos permanecem para esse novo dia, isso faz parte da realidade e da sociedade em que vivemos. O segredo está na maneira como você vai enfrentar ou lidar com a situação, quais emoções vão comandar esses desafios: estresse, medo e desespero, ou calma, fé e confiança. Essa postura de atitude fará toda a diferença no dia e nos resultados dos eventos pelo simples fato de que somos energia; e se depois dessas palavras isso não ficar claro para você, eu lhe convido para que faça um teste.

"Isso significa que, se pensar positivamente, posso mudar os resultados?" Não sei, não tenho como saber ou afirmar, porque não consigo ver o futuro. O que sei e verifiquei é que, mudando a sua atitude e energia, o resultado pode até ser o mesmo, mas você o verá de forma diferente, mais positiva. Você encontrará interpretações e soluções que não são possíveis em uma mente de emoções negativas, você encontrará novos caminhos e perspectivas, abrindo novas portas para a transformação.

Quando você deseja mudar um hábito, é essencial que recorra a um pequeno ritual ou ato que marque o momento da ação a ser mudada.

Por exemplo, no livro *O poder do hábito*, de Charles Duhigg, ele conta que, se você quiser começar a correr todas as manhãs, esse ritual ou ato poderia ser colocar o cadarço nos tênis todas as manhãs ao acordar, ou deixar a roupa de corrida ao lado da cama sagradamente para vê-la assim que abrir os olhos. Ele também aconselha que, ao realizarmos a atividade que simboliza a mudança de hábito, nos recompensemos para festejar a conquista – pode ser até mesmo com uma deliciosa vitamina de frutas. Com o tempo, esse ciclo de ação, rotina e recompensa será instalado em nosso sistema até se tornar um hábito.

Com as emoções negativas, podemos tomar a mesma atitude. Vamos supor que você esteja acostumado a acordar de mau humor; ao se levantar, pode instalar uma nova ação que poderia ser ler a carta do oráculo que escolheu para a semana e colocar o foco na mudança de atitude. Pode ser ler uma página de um livro com inspirações ou a Bíblia, ou um livro budista, ou ouvir uma música que goste etc. Ao meio-dia, você pode analisar se conseguiu melhorar sua atitude mal-humorada, mesmo que sutilmente, e se recompensar com uma pausa para o café, uma caminhada ou qualquer outra recompensa que preferir. Seu corpo ansiará por essa recompensa e trabalhará automaticamente com mais consciência para atingir seu objetivo, que seria acordar cada vez melhor, sendo sempre honesto e recebendo a recompensa merecida.

Isso explica por que os hábitos são tão poderosos: eles criam desejos ou ânsias neurológicas de uma forma tão sutil que você nem percebe; assim como não se deu conta de que desenvolveu o hábito de sempre acordar com uma mente pessimista perante seu dia.

Outro fator que influencia as emoções e a mente são nossas posturas físicas. No livro *O Poder da Presença*, Amy Cuddy conta – e, grosso modo, eu explico aqui – que um estudo foi realizado em dois grupos de pessoas: um grupo que tinha o objetivo de sorrir, mesmo que não sentissem desejo ou estivessem tristes e outro grupo que não deveria sorrir.

Alguns dos que precisavam sorrir chegavam a colocar um lápis entre os dentes para fazer a curva do sorriso – ou seja, um estímulo artificial e externo.

Ao final do estudo, descobriu-se que o cérebro das pessoas que sorriam, mesmo sem querer ou forçadas pelo lápis, embora não se sentissem felizes antes de começar o desafio, acabavam ficando mais felizes. Isso porque o cérebro reconhece os movimentos relacionados à felicidade e automaticamente começa a liberar hormônios de alegria e prazer. Não é fácil, nem inexplicável, já avisei isso no início do livro, só temos que querer e focar o nosso objetivo.

Por isso que nessa purificação para retirar as emoções indesejadas do seu prato ou da sua vida, convido você a sorrir, mesmo que forçado. Você verá como seu corpo generosamente se inundará de felicidade e vai se sentir melhor. Para tornar o processo ainda mais eficiente, estabeleça uma regra. Toda vez que falar com alguém, primeiro sorria, ou toda vez que for ao banheiro olhe-se no espelho e sorria por trinta segundos. Chega a ser divertido!

Somos energia pura, formados por sete centros de energia. Já falamos sobre um deles no início do livro: o chacra do plexo mesentérico superior, também conhecido como sacro ou segundo chacra, que estimulamos com a sopa de abóbora, lembra?

Sobre os chacras ou centros de energia, há muita informação disponível de leitura fácil, então não vou me deter para falar de todos eles, vou apenas me referir a um em particular: o chacra cardíaco, ou quarto chacra, que analisaremos mais adiante detalhadamente. Se tiver um interesse maior, vale a pena ler sobre os centros de energia para entender melhor o seu corpo. Em 2012, inclusive, começaram a surgir informações sobre mais um chacra – o do timo –, que recebeu a cor rosa. É um chacra separado do coração, que sempre foi o que estava associado ao timo, e estaria localizado um pouco acima do chacra cardíaco. Diz-se que esse chacra ficou entorpecido no processo de evolução pela raça dos atlantes, mas não tenho fontes nem conhecimentos suficientes para afirmar, por isso continuaremos a considerar os sete chacras básicos que normalmente são os mais reconhecidos e os principais, porque existem vários chacras secundários no nosso organismo.

Para explicar de um modo geral, cada um dos centros de energia tem uma energia específica que transporta um certo nível de consciência, sua própria emissão de luz expressa informações muito específicas ou sua frequência carrega uma certa mensagem. Cada centro também conta com suas próprias glândulas, compostos químicos e hormônios. Eles contêm, ainda, seu próprio plexo e rede de vasos e nervos do sistema nervoso periférico autônomo, como se fosse um microcérebro, então, podemos dizer que têm uma mente individual; ou seja, cada centro tem sua própria mente.

A mente, assim como esses centros nervosos energéticos, se estimula e age por meio das intenções ou pensamentos, por meio de um propósito consciente com uma determinada direção. Assim, quando esses centros são estimulados, ativam seus tecidos ao mobilizar seus hormônios, compostos químicos e energia. Essa energia não pode ser controlada conscientemente, porque cada centro tem sua própria inteligência. Mas podemos controlar os pensamentos que estimulam esses centros.

Como este livro é sobre emoções e autoconhecimento, vamos nos deter com mais atenção no chacra cardíaco, ou quarto chacra, conhecido pelo nome sânscrito de *Anahata*. É representado pela cor verde, por doze pétalas de lótus, e geralmente é trabalhado com meditações de luz verde, rosa ou branca.

Ele está localizado atrás do esterno, no timo, que é a glândula imunológica mais importante do corpo, conhecida como a fonte da juventude. Não é por acaso que, quando agimos com o coração e com amor ao próximo, nós rejuvenescemos e realçamos nossa beleza interna e externa.

Como os outros centros, tem suas próprias frequências, hormônios e compostos químicos. Esse chacra está localizado na quarta posição dos sete chacras, então, divide os centros em dois grupos de três. Os três primeiros chacras se encarregam de aspectos relacionados à sobrevivência e refletem nossa natureza animal. Mas, por meio do chacra do coração, passamos do egoísmo ao altruísmo, e neste não há egocentrismo, há dedicação ao próximo. Isso dá lugar aos três chacras superiores que representam nossa espiritualidade, trabalham com nossa intuição e nos conectam com o divino, ou seja, atuam em nosso espírito ou alma.

A energia de *Anahata* nos faz reconhecer que somos parte de um todo maior, que estamos interligados por uma rede de relacionamentos que se expande em nossa vida e Universo. Ela nos permite reconhecer e entrar em contato com a parte verdadeira e fundamental que está presente na vida e que conecta tudo.

Esse é o chacra que move o amor na vida e pela vida. O caminho do coração é viver a vida com amor e compaixão pelos outros e ao mesmo tempo inspirar esses sentimentos nos outros, criando um ambiente que proporcione segurança e conforto para a humanidade, o planeta, e para todos os seres, desde plantas, animais e também elementos como minerais.

O chacra do coração é o centro de uma criança inocente e feliz, que reage às diferentes circunstâncias com várias emoções, como amor, esperança, medo, angústia etc. O problema de quando nos tornamos adultos é que expressar essas emoções se torna um desafio e começamos a bloquear esse centro de energia ao não expressar essas emoções ou sentimentos.

Diz-se que a energia das emoções flui em nossas veias – portanto, se deixarmos a amargura, a raiva ou outra energia negativa circular em nosso corpo, isso afetará cada órgão irrigado pelo sangue do coração, até chegar ao espírito.

Para curar o chacra cardíaco e estimular seu funcionamento, devemos meditar em perdão, porque o amor e o perdão caminham juntos, e isso inclui o amor próprio.

Quando vivemos plenamente, vivemos com mais consciência; por isso vivemos de forma mais calma e com menos estresse. Isso permite que o coração bata em um ritmo normal, enviando energia positiva e informando ao corpo todo que estamos bem, seguros e felizes.

Quando estamos com raiva, estresse ou medo, nosso coração dispara, expandindo essa energia negativa por todas as células. Esse batimento cardíaco desequilibrado só vale em momentos de perigo real, de risco ou sobrevivência, e não naqueles criados por nossa imaginação. Se o batimento desequilibrado é constante, isso altera nosso chacra cardíaco, fechando-nos para o amor.

Tanto no taoísmo quanto no tantra, o chacra do coração é o lugar da casa do fogo divino, como aparece na imagem do "Sagrado Coração" de Jesus, em que vemos um coração aberto em chamas para espalhar o fogo do amor pelo mundo.

Por meio do chacra cardíaco, podemos viver uma alquimia espiritual e transformar o chumbo do nosso ego no ouro da nossa essência, da mesma forma que uma rosa se abre em esplendor ao sol, como as rosas da virgem "Nossa Senhora da Rosa Mística": ela porta três rosas no chacra cardíaco, que apareceram depois de ser ferida por três espadas. Nessas três rosas há uma branca que representa um pedido para nos abrirmos ao espírito de oração, uma amarela que representa penitência e demonstração de humildade, e a vermelha que representa um sacrifício, mas não do ponto de vista negativo, não está ligada à dor, mas ao ofício sagrado, que significa o trabalho sagrado, primeiro o de autoconhecimento e segundo o de ajudar os outros.

Imagino que a esta altura já esteja ficando claro para você qual é o segredo para se alcançar a felicidade. Todos nós temos a opção de escolher, independentemente das circunstâncias, entre um coração cheio de amargura ou um cheio de amor. Essa escolha é a chave fundamental para determinar como será sua vida – sobre que alicerce você construirá sua casa. E mudar os alicerces depois da construção é muito mais trabalhoso.

Se quer criar a sua realidade, ela deve ser concebida com o fundo do coração sentindo essa realidade, e não pensando com a cabeça. Parece simples, mas não é. Ao mesmo tempo, seu sentimento (coração) e pensamento (cabeça) devem estar em concordância, na mesma vibração. Por exemplo, se você sente que seu novo empreendimento vai ser um sucesso, mas depois, em sua cabeça, começa a pensar que não vai dar certo ou que não vai vender nada, que os produtos estão muito caros etc., isso não presta, você não criará a realidade que tanto deseja, porque você mesmo a está sabotando. Se for esse o caso, seria melhor desligar sua mente e ficar a sós com seu coração sentindo sua realidade.

Uma maneira de ajudar esse processo é meditar com o objetivo de sentir e projetar a mesma coisa em sua mente. O coração é o mecanismo natural que cria a sua realidade, é a propriedade desse chacra cardíaco.

Chacra Coronário ou do Coração. Anahata Chacra.

Receita e psicomagia "Flan leve de lavanda e jasmim com caramelo de rosas"

Serve: 4 pessoas
Objetivo: equilibrar e abrir o chacra cardíaco

Ingredientes:
500 ml de leite (pode ser desnatado, integral ou sem lactose)
½ fava de baunilha ou 1 colher (chá) de essência natural de baunilha
1 colher (chá) de chá de flores de jasmim
1 colher (chá) de flores de lavanda secas
3 colheres (sopa) de açúcar de sua preferência
3 colheres (chá) de amido de milho

Para o caramelo:
½ xícara de açúcar
3 colheres (sopa) de água de rosas ou 6 gotas de essência natural de rosa

Utensílios:
4 recipientes individuais ou um grande para servir o flan
Panela pequena para preparar o caramelo
Colher de madeira
Panela média para preparar a mistura
1 recipiente para dissolver o amido

Esta receita leva duas horas para esfriar na geladeira, portanto, programe-se para considerar esse tempo antes de servir.

Vamos começar pelo caramelo, mas antes selecione quatro recipientes individuais ou um grande que comporte toda a mistura; escolha um recipiente que você goste, ainda melhor se for de família.

Em uma panela pequena, em fogo baixo, coloque a ½ xícara de açúcar e comece a mexer suavemente com a colher de pau. Observe como os cristais começam a perder a forma e se fundem. Da mesma forma, visualize o centro do seu coração abrandando-se, amolecendo, cedendo, abrindo mão de tudo o que for necessário para começar a viver no amor e na gratidão.

Quando o açúcar começar a mudar de cor, adicione as gotas da essência de rosa ou as 3 colheradas de água de rosas. Sinta o maravilhoso aroma absorvendo esse vapor mágico do centro do seu coração e visualize que no centro do seu coração aparece um botão de rosa branca. Ao misturar, essa rosa começa a se abrir em todo o seu esplendor; sinta o perfume de rosas e continue até que seu caramelo esteja dourado. Respire e sinta o peito expandir no processo – respire e apague o fogo.

Deixe a panela descansar, mas apenas por alguns segundos, para o caramelo não grudar. Coloque a mão esquerda no coração e repita:

> Com esta rosa branca que floresceu no centro do meu coração,
> entro em oração.
> Que a fonte universal me ilumine para viver com amor e gratidão,
> que me permita descobrir minha divindade,
> para viver em conexão com o divino.
> Que me permita ser uma fonte de amor para o Universo,
> e assim entender que sou parte de um todo maior.
> Que assim seja.

Calmamente, com muito amor no peito, comece a despejar um pouco de caramelo nos recipientes individuais ou no recipiente único. Sinta gratidão por esse novo começo.

Para preparar o flan, em uma panela de tamanho adequado, aqueça o leite com o açúcar e misture delicadamente com a colher de pau, até dissolver. Para mexer, use a mão que você não usa para escrever. Mexa lentamente e comece a sentir o cheiro do leite morno e se transporte de volta à infância, às manhãs em que o leite era aquecido para o café da manhã, ou às tardes em que se faziam sobremesas com leite. Permita que esse aroma se conecte com sua criança interior e repita em sua mente, visualizando sua imagem de quando era criança:

"Desculpe-me se te abandonei. Prometo sarar todas as suas feridas para que possa crescer e se tornar um ser extraordinário. Eu te amo e você merece ser feliz."

Respire.

Depois de incorporar o açúcar, acrescente a lavanda e o jasmim repetindo o mesmo procedimento para misturar as flores e dizendo as mesmas palavras. Continue observando a panela e sinta como o aroma das flores aparece magicamente; respire fundo, permitindo que o ar invada seu tórax e expandindo o chacra cardíaco. Repita as respirações lenta e profundamente várias vezes, com consciência.

Mexa por alguns minutos, o suficiente para que o leite absorva o sabor e o aroma das flores, e antes de ferver, retire a panela do fogo. Coe as flores de lavanda e de jasmim e reserve – não descarte, é muito importante guardá-las.

Separe meia xícara da mistura com cuidado e adicione o amido, mexendo delicadamente até dissolver. Despeje essa mistura na panela com o restante do leite e leve ao fogo médio, mexendo até engrossar, usando sua mão favorita para mexer. Observe o processo de transformação; tudo se transforma e está presente no processo. Remova do fogo.

Despeje a mistura no recipiente maior (ou nos individuais) que já preparou com o caramelo. Deixe esfriar e leve à geladeira para descansar por duas horas.

Durante esse tempo, se possível, fique em casa com tranquilidade – descanse, medite, leia um livro inspirador ou poesias, tomando um chá de jasmim, ao qual você pode adicionar água de rosas e lavanda.

Conecte-se consigo mesmo, cuide-se, ame-se, perdoe-se, permita-se esse novo começo. Pense num momento feliz da sua infância, lembre-se de um momento nos braços de um ente querido; veja quanto amor recebeu ao longo da vida, encontre-o e veja que você é um ser feito de amor e por amor. Agradeça.

Passadas as duas horas, recomendo que a primeira porção seja saboreada sozinha, sem companhia, de preferência em separado, e não como sobremesa.

Vá ao seu lugar favorito para prová-lo, mas antes decore bem a sua porção. Tenha criatividade e procure algo na geladeira que vai alegrar você, como pedaços de fruta, chocolate granulado ou um biscoito esfarelado: seja uma criança criativa e enfeite sua sobremesa com imaginação – tudo é permitido!

Sente-se e prove a primeira colherada com todos os seus sentidos: de dentro para fora, foque nos aromas e sabores e sinta com o coração. Volte à sua infância, pense na sua sobremesa ou doce preferido de criança, invoque aquele momento e o desfrute como quando tinha cinco anos de idade e lhe compravam seu sorvete ou chocolate predileto. Coma tudo, pode até limpar o recipiente com os dedos e lamber. Sorria largamente e seja feliz.

Repita as porções o tanto que quiser com liberdade, sem medo. Se ficar com dor de barriga de tanto comer, não importa: você escolheu, seja feliz.

Nesse mesmo dia em que preparou e comeu seu flan de flores, ao anoitecer, pegue as flores de lavanda e de jasmim reservadas e embrulhe em um guardanapo branco. Você deve enterrá-las sob uma árvore ou, se não for possível, uma planta. Se puder ir a um parque ou uma praça, melhor ainda.

Procure uma árvore ou planta que lhe inspire vida, força, beleza e que você possa voltar a ver com facilidade. Enterre as flores cavando a terra com seus próprios dedos. Não precisa ser um buraco muito profundo, apenas o suficiente para cobrir e não ficar exposto, e diga:

Semeio aqui minha nova vida,
meu novo eu.
Que na terra cresça tudo o que vem do amor genuíno.
E que tudo o que não vem do amor universal fique infértil.
Eu me preparo para viver plenamente e receber minha nova vida em gratidão e abundância.
Obrigado meu Deus (ou fonte universal, ou Buda ou quem você quiser) por sua infinita misericórdia e generosidade.

Parabéns! Abrace sua nova vida.

O chacra cardíaco é um dos mais difíceis de abrir, na minha opinião pessoal, mas quando você consegue abri-lo, todo o resto acontece magicamente. Por isso, temos que usar todos os tipos de ferramentas disponíveis para ajudar no processo.

Está comprovado por vários estudos que o raio eletromagnético do coração tem mais ou menos oito metros. Isso significa que os sentimentos e emoções em nosso coração sempre impactam os outros e, assim, ocorre um efeito dominó. Dessa forma, com esse trabalho de formiguinha, vamos mudando o mundo. Somos todos importantes e fundamentais nesse processo do novo mundo que almejamos. Faça sua parte.

Para auxiliar nessa abertura do chacra cardíaco, existem três aromas que ajudam imensamente no processo: jasmim, lavanda e rosas.

Eles podem ser usados por meio do incenso, pelas próprias flores, em cremes ou perfumes, principalmente em óleos essenciais, e em receitas ou chás, como fizemos aqui.

Os óleos essenciais fazem parte da minha vida há mais de quinze anos, e pude transmitir esse amor por eles à minha filha, que os usa constantemente para resolver alguns desequilíbrios de forma mais natural e orgânica.

O óleo essencial de rosa é o mais caro de todos os óleos; dizem que são necessárias pétalas de trinta rosas para fazer uma gota de seu óleo essencial. Por isso, se não for possível comprá-lo, pode substituir por água de rosas.

No misticismo e nas lendas, as rosas são consideradas como a flor da sedução e de tudo o que for relacionado ao amor. Seu perfume tem um efeito positivo nos problemas sexuais, porque relaxa os nervos, cura o coração e dissipa o medo e a negatividade. Não é recomendada para pessoas com problemas de pressão ou epilepsia.

Lavanda é um dos aromas mais solicitados e usados, o que o torna o mais popular. Relaxa o coração e a mente. É um óleo bom para se misturar com outros porque equilibra, acalma e nutre. Ao mesmo tempo, ajuda a dormir e traz alívio ao estresse e às tensões.

Jasmim também é um óleo caro, mas é um dos aromas mais duradouros. É originário da Ásia, onde era considerado sagrado. Tem uma longa história como flor do amor, usada para bruxarias e poções do amor. Ao sentir o seu aroma, é inevitável se sentir confiante, seguro.

Seu uso não é recomendado na gravidez, mas pode ser utilizado no nascimento ou no parto.

Use óleos, cremes, essências ou infusões para massagear seu corpo, deixar os pés de molho, perfumar seu travesseiro ou lençol. Inspire-se espalhando esses aromas em sua vida, no seu dia a dia.

Não se esqueça de que esses três óleos nos foram presenteados pela natureza. Assim, seja criativo e proativo nesse processo: use a imaginação a seu favor. Ter um vaso com lavanda, jasmim e rosas não é muito difícil. Se você mora em uma casa, pode plantá-las diretamente no jardim e aproveitar o ritual de cuidar das plantas para abrir sua *anahata*. Esperar o aparecimento das flores respeitando seu curso natural não deixa de ser um ato de profundo amor pela natureza e pela humanidade, que terá os mesmos efeitos ou até melhores. Se colher qualquer uma dessas flores, esfregue as pétalas ou espalhe-as nas palmas das mãos e, em seguida, leve-as ao nariz para aspirá-las profunda e conscientemente. Garanto que será uma experiência renovadora que vai arrancar qualquer cansaço de seu corpo. Experimente.

Lembre-se de que os rituais e sua eficácia lhe pertencem. O importante é realizá-los com coração e alma – este livro está em suas mãos apenas para dar um impulso e encorajar você a encontrar a magia e a divindade em seu interior. O criador é você, porque todos nós fazemos parte do criador.

Capítulo 7
A conexão com o nosso corpo

Já falamos muito sobre nossas emoções, sentimentos e espírito. Partimos de dentro para fora, que é a forma mais eficaz de trabalhar – a beleza vem de dentro, e a saúde e a felicidade também.

Todas essas emoções e sentimentos permanecem para sempre em nossa alma – entendendo aqui como alma o espírito no corpo –, e quando desencarnamos, esses sentimentos partem com nosso espírito.

O corpo é o reflexo de nossa alma. Temos que aceitar nosso corpo, amá-lo, respeitá-lo e ser gratos por ele. Esse é o primeiro passo, a chave do amor-próprio: sem esse amor, os outros amores que entram em nossas vidas não são amores verdadeiros que nos nutrem. Nosso corpo deve ser uma sinfonia de alegria.

O corpo é o maior mistério de todos os tempos, mas a maioria dos seres humanos não aprecia sua criação. Quando, por exemplo, lançam um novo iPhone, as pessoas ficam alucinadas e maravilhadas com todas as suas funções: seu criador foi idolatrado, cultuado em filmes e livros, e seus testemunhos de antes de sua desencarnação ainda circulam pelo mundo como fonte de inspiração. Ao adquirir um aparelho desses, seus usuários compram capas para protegê-lo e películas para que não arranhe, aprendem todas as suas funções ou quase todas, e cuidam dele, protegendo-o fielmente para que não se quebre ou se perca; muitos gastam o que não têm para comprá-lo, e existe até mesmo uma fila na porta da loja para conseguir os primeiros exemplares do novo modelo. Entretanto, poucos são os que se interessam em cuidar e compreender o corpo com essa mesma devoção.

Nosso corpo faz parte do Universo, a geometria sagrada prova isso constantemente; a natureza está em nós e nós fazemos parte da natureza. O corpo humano representa toda a existência e todos os seus elementos, é uma criação divina e você talvez nunca tenha parado para se maravilhar com sua existência.

Ao contrário disso, a maior parte das pessoas, especialmente as mulheres, observa o corpo com olhos críticos, encontrando nele mil defeitos, sem perceber que cada traço faz parte de uma obra de arte universal. Você já se olhou no espelho e apreciou sua grandeza? Todos os milagres que lhe foram dados, pertencer a uma mãe ou sentir o amor de um filho... isso só é possível por meio da sua grandeza. Mas muitos não percebem ou não dão importância, considerando isso como um direito da própria existência.

Você já parou para pensar em tudo o que acontece no seu corpo ao mesmo tempo, para que possa estar agora lendo este livro? O corpo consiste em vários sistemas biológicos que tornam possíveis todas as funções básicas que são usadas diariamente.

O sistema circulatório movimenta o sangue, os nutrientes, o oxigênio, o dióxido de carbono e os hormônios por todo o corpo.

O sistema digestivo é composto por uma série de órgãos interligados que trabalham de forma sincronizada e harmoniosa para digerir alimentos e absorver nutrientes, bem como remover resíduos.

Oito glândulas compõem o sistema endócrino, que libera hormônios na corrente sanguínea, direcionados para diferentes tecidos, regulando várias funções corporais, como metabolismo, crescimento e funções sexuais.

O sistema imunológico é o exército de defesa contra bactérias, vírus e patógenos que podem prejudicar a saúde.

O sistema linfático também tem a função de defender o organismo. Sua principal função é mover os fluidos linfáticos que contêm glóbulos brancos e assim poder combater infecções.

O sistema nervoso controla as funções voluntárias e involuntárias, enviando sinais ou transmissões nervosas para diferentes partes do corpo.

O sistema muscular possui 650 músculos que sustentam nossos movimentos.

O sistema reprodutor nos permite continuar com a multiplicação da vida, vivendo sensações e momentos mágicos por meio do sexo e da reprodução.

Recebemos o oxigênio que nos é vital graças ao sistema respiratório, que ainda elimina o dióxido de carbono, o que nos permite respirar.

Eliminamos os resíduos através do sistema urinário e do sistema tegumentar, composto por nosso maior órgão, a pele. Ela protege o organismo do mundo exterior, regula a temperatura e elimina toxinas por meio da transpiração.

Nosso corpo contém cerca de cem trilhões de células e dez vezes mais bactérias do que células.

Um adulto respira mais de vinte mil vezes por dia; nosso sistema nervoso tem cem bilhões de células nervosas.

Eu poderia seguir citando milhões de funções e milagres do nosso corpo. Como você percebeu, é um pequeno universo com milhões de constelações. Em nosso corpo está a água dos oceanos, a energia do cosmos, o ar do Universo. Somos natureza pura.

O corpo humano não é apenas magnífico e surpreendente em função e estrutura. Como se isso fosse pouco, ele é um reflexo puro da misericórdia da fonte universal por seu poder regenerativo e de cura que nos dá milhares e milhares de oportunidades continuamente.

Falamos do incrível poder regenerativo do fígado que muda suas células a cada ano, cuja capacidade de regeneração não passou despercebida na mitologia grega. Mas esses milagres não param por aí.

O corpo produz de trinta a quarenta mil células da pele a cada minuto. A cada três meses, todas as células vermelhas do sangue se regeneram. Nossas células ósseas a cada dez anos regeneram nosso esqueleto e nossas papilas gustativas mudam ou se regeneram a cada duas ou três semanas. Ou seja, Deus foi misericordioso ao criar o corpo humano, sempre nos dando a oportunidade de nos regenerar, curar e mudar.

Então, onde está a dificuldade em cuidar do próprio corpo? Essa dificuldade é independente de sua estrutura, de sua origem (obviamente falando em condições normais de saúde): essa dificuldade existe em nossa mente por meio de sua desconexão com nossos sentidos.

No meu primeiro livro *Quando as emoções nos adoecem* (2017), falei sobre como o nosso corpo nos pede ajuda por meio das doenças, e acho que é apropriado falar novamente sobre isso, sobre essa oportunidade divina que recebemos cada vez que ficamos doentes.

As doenças crônicas não estão diminuindo em nosso planeta. Elas aparecem cada vez mais agressivamente e, por isso, devo repetir centenas de milhares de vezes a bela oportunidade que se abre para nós por meio de um diagnóstico.

Doença é provavelmente uma das palavras mais temidas da nossa vida, talvez porque simbolize uma proximidade com a morte, algo que muitos temem e que ainda é tabu na nossa sociedade. Aqueles que entendem um pouco mais sobre a morte e não a temem geralmente são incompreendidos ou mesmo rotulados de doidos.

Mas como eu já disse, a doença é uma oportunidade que a vida nos dá para melhorar, para nos superar e nos reconectar com a nossa essência.

No meu primeiro livro, afirmo: "a doença é a fase final de um problema de saúde. A doença é uma porta de saída e cabe a você não ficar preso no meio do caminho, pois os passos seguintes são vitais".

Um tempo atrás, uma entrevista com Alejandro Jodorowsky[1] chamou minha atenção, e eu a guardo com muito cuidado, porque traz descrições muito claras sobre a doença, e contém muitos dos fatores emocionais que vimos até agora. Compartilho alguns:

A doença, segundo Alejandro Jodorowsky

1- O que é uma doença, do seu ponto de vista?

A doença é um protesto de sua caprichosa criança interior. Uma criança que foi proibida de fazer algo ou forçada a fazer algo que não queria.

2- E se eu quiser me curar...

Você para de espernear e aceita a realidade, chegando a um meio-termo entre o que ela é e o que você imagina que a realidade seja... Então você se cura. Quando você começa a estabelecer relacionamentos bonitos, então começa a se curar.

---

[1] JODOROWSKY, Alejandro. Sobre as doenças. Entrevista concedida a Lina Marina. Blog Lina Muses. Disponível em: https://linamuses.com/sobre-las-enfermedades-entrevista-con-ajodorowsky/.

3- Uma doença pode ser considerada uma aliada?

Se quisermos nos curar, devemos amar nossa doença. Se não a amarmos, se não a honrarmos e não reconhecermos que ela tem uma mensagem para nós, não iremos nos curar. Toda doença é sagrada, nos remete a nós mesmos, nos obriga a entender por que a criamos.

5 - Como podemos nos relacionar com nossa doença, se em geral pensamos que é o resultado de um acidente ou mesmo de má sorte?

Entendendo que por trás de toda doença existe uma proibição. Você é proibido de ser quem é, o que é uma falta de consciência: você não percebe o que é, perde a beleza, e adoece.

6- Creio que não está claro para mim ...

A doença é uma falta de informação, é um grau de inconsciência. Se não tivermos consciência, não nos curamos e consideramos qualquer desequilíbrio intelectual, emocional, criativo-sexual ou material como doença.

Descrição muito sábia!

Em meu primeiro livro, defino a doença "como um alerta que nosso corpo nos dá para melhorar nossa vida, provavelmente de uma situação ou comportamento que adiamos ou ignoramos por muito tempo".

Cuidar de uma doença é um ato de amor-próprio. Falamos do amor como um sentimento mágico, mas ele é mais do que isso: é uma ferramenta que nunca falha, que tudo resolve e tudo cura. Por isso é vital não estar em conflito com o corpo. Devemos confortá-lo em vez de agredi-lo, e assim cultivar o nosso amor-próprio. É o amor mais importante de todos, sem esse tipo de amor os outros não podem existir da mesma forma; sem esse amor, não estamos conectados com nossa divindade e, portanto, não estamos conectados com a fonte universal.

Devemos parar de maltratar o corpo, passando fome ou comendo em excesso. Ele é o nosso presente divino: atuar contra ele é atuar contra o divino. Ele é um templo e cuidar dele é nossa responsabilidade. Desde pequenos somos estimulados a nos desconectar do corpo; muitas vezes, quando um bebê chora de fome, se esta não coincide com o horário da refeição ou com um cronograma alimentar dado pelo médico, a mãe não o alimenta e, assim, ele aprende a se desconectar da linguagem corporal e vital que existe no corpo físico e na mente. Perdemos a capacidade de ouvir o nosso corpo quando ele fala conosco.

O mesmo acontece com outra função vital: o sono. Muitas vezes brigamos com nossos filhos para acordá-los ou para fazê-los dormir, obrigando-os a despertar ou a ficar com sono quando não têm. Não quero dizer com isso que eles podem dormir ou acordar quando quiserem, sem um horário definido (pelo contrário: um corpo saudável é criado com disciplina), mas devemos descobrir as causas desses distúrbios. Será que estão comendo muito carboidrato à noite e por isso têm dificuldade para dormir? Será que estão tomando bebida cafeinada? Será que estimulam muito o cérebro antes de dormir com eletrônicos? Temos que pensar em tudo, porque tudo tem uma causa e efeito. Quando entendemos isso, todas as respostas nos são apresentadas.

A mente e o corpo não estão separados. A prova disso é que, se tomarmos uma droga, junto com os efeitos mentais, surgem os físicos. Por meio dessa verdade de causa e efeito, os livros espíritas afirmam que as doenças são produzidas como um recurso que auxilia na purificação ou depuração espiritual.

Chico Xavier, no livro *Instruções psicofônicas*[2], através do espírito Lourenço Prado, diz:

"A saúde é o pensamento em harmonia com a lei de Deus. Doença é o processo de retificá-lo, corrigindo erros e abusos perpetrados por nós mesmos, ontem ou hoje, diante dela."

Adoro essa definição transmitida por Chico Xavier; ela contém muita sutileza e amor, é uma forma delicada de deixar clara nossa responsabilidade e ao mesmo tempo nossa capacidade de curar.

Mais uma vez, menciono por que é necessário curar nossa mente para livrar nosso prato das emoções e, por consequência, poder comer com consciência, sentindo. Essa sincronicidade do corpo e da mente sã dá forma à nossa saúde: é como uma moeda, sempre tem duas faces, mente e corpo.

Se tivermos plena consciência do que comemos e gostamos, nunca comeremos demais, e comer será um ato natural, espontâneo e simples, como deve ser e como era muitos anos atrás. Não é difícil ouvir comentários de nossos avós ou de pessoas que chegaram à velhice e comiam de tudo sem restrições, sem problemas de saúde e levando uma vida feliz e produtiva.

Agora, se você sempre sente fome, há alguns fatores a considerar. O apetite pode aumentar se tiver praticado muita atividade física e, no caso da mulher, se estiver grávida ou com tensão pré-menstrual. Mas quando você sempre sente que não tem um limite para parar de comer ou sentir fome, deve haver algum fator que precisa ser identificado, algo está acontecendo. "Apetite ou fome é a necessidade fisiológica de calorias, água e sal e é influenciada por vários fatores, como dieta ou

---

2 XAVIER, Francisco Cândido. Instruções psicofônicas: ditado por espíritos diversos. São Paulo: FEB, p. 63.

tipo de alimentação, hormônios da alimentação e fatores emocionais, como estresse."

Como citado anteriormente, nossos centros de energia são sistemas nervosos que liberam hormônios; se estiverem desequilibrados por uma causa emocional ou física, devemos ajudá-los a voltar ao equilíbrio com disciplina; uma vez reequilibrada, a dieta torna-se um ato mais natural e com menos restrições.

Para ajudar você a entender melhor, vamos imaginar que o seu chacra do estômago esteve desequilibrado por um tempo em virtude de um fator emocional – por exemplo, um relacionamento difícil no trabalho e que deixa você muito tenso, então, você passa a maior parte do seu dia em alerta, estressado. Como consequência, o nível de glicose em seu corpo aumenta, e o organismo começa a liberar mais insulina, um hormônio para ajudar com esse excesso de glicose. Com o aumento da glicose, você sente mais fome e mais vontade de comer carboidratos – resultado de todo esse desequilíbrio mental com consequências físicas. Então, de forma inteligente e consciente, é preciso reestruturar sua dieta até que esse fogo se apague e você possa ter uma alimentação sem restrições ou menos severa.

Descrevo a seguir dez fatores que podem ser facilmente corrigidos e controlados para ajudar a equilibrar o nível de fome:

1. Hidratação

Uma desidratação leve costuma se disfarçar como sensação de fome, e isso ocorre porque a fome e a sede são reguladas pela mesma parte do cérebro, o hipotálamo. Por isso recomendo que quando você (supostamente) sentir fome, depois de ter comido recentemente, beba um copo d'água para ver se a sensação desaparece ou melhora após 15 ou 20 minutos. Conecte-se com seu corpo.

Muitas vezes, depois de ingerir comidas muito salgadas, sentimos que não estamos saciados e que ficamos com fome logo depois de comer. O que acontece é que ficamos desidratados depois de todo o sal que consumimos, como ocorre, por exemplo, nas refeições preparadas com muito molho de soja, como comida chinesa e sushi;

2. Falta de sono

Depois de uma noite de sono ruim, os hormônios relacionados ao apetite começam a nos sabotar. Está comprovado que algumas horas de sono podem aumentar os níveis do hormônio do apetite conhecido como grelina, por outro lado, poucas horas de sono podem diminuir os níveis do hormônio leptina, que sinaliza a saciedade.

Dormir mal nos deixa irritados, cansados, lentos, de modo que nosso corpo fica desesperado por uma onda de energia, desencadeando assim o desejo por carboidratos, mesmo quando não estamos com fome;

3. Excesso de carboidratos ou amido na dieta

Os carboidratos simples, como bolos, tortas e pães doces, entre outros, têm um aspecto viciante, porque aumentam os níveis de açúcar muito rápido. Isso causa um pico de glicose que provoca mais vontade de consumir açúcar, é um círculo vicioso. Preste atenção e perceba com que frequência você ingere esses alimentos e os substitua por carboidratos mais complexos, com mais fibras, como opções integrais. Alguns alimentos que podem ajudar a saciar a fome de forma saudável são maçãs, amêndoas, chia e nozes;

4. Estresse

Já se sabe que o estresse engorda e isso se deve simplesmente ao fato de que, em um estado de estresse, aumentamos o nível de insulina no sangue como uma resposta automática do corpo a situações de uma possível necessidade de defesa ou resposta física. Quando o nível de insulina se estende por um período mais longo do que o normal, isso causa a fome, como vimos antes.

O estresse também reduz os níveis de serotonina, o que também pode nos deixar com mais fome. Lembre-se de que somos energia, e nossa mente influencia nosso apetite de diferentes maneiras. Uma pessoa mais feliz sente menos fome e não precisa de excessos;

5. Consumo elevado de álcool

Uma bebida alcoólica como aperitivo ou uma taça de vinho antes da refeição faz exatamente isto: estimula o apetite e cria fome, mesmo que seu estômago esteja cheio e você não esteja com fome. Estudos mostram que a probabilidade de você consumir alimentos calóricos após beber álcool é alta porque o álcool desidrata, você pode confundir as sensações e interpreta que está com fome e que precisa comer quando, na verdade, está desidratado e precisa de água;

6. Necessidade de proteínas e gorduras boas

Proteínas ou gorduras boas não só aumentam a sensação de saciedade, por permanecerem mais tempo no estômago, como também diminuem a vontade de comer com mais frequência. Aumente o consumo;

7. Pular os horários das refeições

Quando passamos muito tempo sem comer, com o estômago vazio, a grelina – o hormônio da fome – atinge o pico, levando-nos a comer muito mais de uma vez só, perdendo a conexão com nossos sentidos e comendo mais do que precisamos. Esse hormônio também envia sinais ao sistema digestivo, avisando que a comida está chegando, aumentando assim a ansiedade. Procure não ficar mais de cinco horas sem comer.

Aqui há dois fatores que gostaria de esclarecer por minha experiência pessoal. De acordo com a Ayurveda, devemos ficar 12 horas sem comer, então, se o dia tem vinte e quatro horas, sobram doze horas para comermos. Se o recomendado é comer a cada quatro ou cinco horas, não podemos comer mais do que três vezes ao dia.

Parece e soa fácil, mas a maioria das pessoas come mais – são três vezes ao dia em doze horas, sem lanches ou ceias. Então, se você toma o café da manhã às oito da manhã, à uma da tarde você pode almoçar e antes das oito da noite tem que consumir sua última refeição, alimento ou lanche para poder ficar doze horas sem comer.

Se você conseguir seguir esse esquema de alimentação, ele mudará sua vida em muitos aspectos. Antes de mais nada, essas doze horas que ficamos sem comer são mágicas, porque seu corpo pode se dedicar a outros trabalhos e não ficar focado apenas na digestão, que é o que normalmente tem que fazer. Assim, você vai resolver outros problemas e desequilíbrios em seu corpo, como inflamações ou necessidades imunológicas; sua saúde vai melhorar consideravelmente. E se você é uma daquelas pessoas que sofre com um estômago inchado ou gases, isso vai ajudar muito porque vai diminuir a quantidade de comida que permanece no intestino, fermentando, produzindo gases e desconforto.

Aproveito para falar sobre um assunto muito atual: o jejum. Muitas pessoas acreditam que jejuar é ficar sem comer absolutamente nada por vinte e quatro horas ou mais, mas esse não é necessariamente o caso. Existem diferentes tipos de jejum – sendo o mais comum o que incentiva a alimentação apenas por um período de oito horas por dia ou menos.

A verdade é que o nosso corpo precisa de muito menos alimentos do que ingerimos normalmente. Sou totalmente a favor do jejum, recomendo e pratico constantemente; mas minha recomendação é de começar aos poucos. Não pule na piscina de uma vez; molhe primeiro os pés e assim sucessivamente para não sofrer um choque térmico, para que seja uma experiência agradável até atingir o seu objetivo, seja ele qual for. Além disso, os jejuns devem ser feitos com cuidado e consciência; pessoas que têm problemas de saúde específicos não os toleram e não são beneficiadas por eles.

Depois de ter conseguido organizar sua dieta e não comer por mais de doze horas, vale a pena tentar o jejum. Existem diversos livros que podem orientá-lo; embora eu não vá deixar aqui as instruções de como fazê-lo, vou compartilhar com você os principais benefícios que descobri para incentivá-lo.

O jejum é uma oportunidade excelente para o corpo fazer uma reorganização interna e para os processos de regeneração, pois os resíduos nocivos e as gorduras são metabolizados ou queimados, fazendo assim uma ótima limpeza. No entanto, sem dúvida, acredito que a mudança de consciência é a maior consequência do jejum.

Essa mudança de consciência acontece porque entendemos e descobrimos palpavelmente que precisamos comer bem menos do que estamos acostumados. Como no jejum podemos comer de forma limitada, ficamos mais conscientes e cuidadosos com o que escolhemos comer. Várias vezes, tive vontade de comer muitas coisas, mas com a cabeça. Quando me dava conta, o tempo de oito horas não era suficiente e não sentia fome; pelo contrário, se em oito horas comia tudo o que queria ou a que estava acostumada, eu passava mal e sentia que tinha comido muito mais do que o necessário. Foi assim que descobri o quanto meu corpo precisava comer e aprendi a manter a calma ao ficar muito tempo sem comer, pois no começo você tem uma sensação estranha: não de fome, mas de liberdade, de vazio, parece que se tem muito mais tempo livre... é um pouco difícil de explicar. Outro benefício notável é a melhora da memória, um problema muito frequente em nossa sociedade hoje; esse fator se explica pelo fato de o corpo não precisar gastar tantas horas irrigando o sangue para o sistema digestivo fazer seu trabalho. Essa disponibilidade é usada para irrigar mais sangue no cérebro e, assim, nutri-lo e oxigená-lo com mais eficiência. A diferença entre antes e depois do jejum é notória.

E, dessa forma, vamos ganhando consciência e nos reconectando com o corpo. Nosso corpo começa a falar mais alto até que somos forçados a ouvi-lo e, assim, nossos sentimentos e pensamentos se equilibram, trabalhando juntos para ter um corpo mais saudável e feliz;

8. Está saturado de informações sobre comida

Vivemos em um mundo repleto de estímulos, saturado de informações. Embora aqui em São Paulo exista a Lei Cidade Limpa, que não permite bombardear ruas e locais comerciais com imagens, na palma da mão recebemos milhões de estímulos pelo celular, e que desencadeiam uma série de emoções e desejos. Imagens de comida, pratos lindos e deliciosos chegam ao nosso cérebro por infinitas vezes ao dia; ligamos a televisão e somos bombardeados com imagens que despertam e estimulam nossos sentidos. Isso é vulgarmente chamado de "pornografia de comida", ou *food porn*, em inglês.

Está cientificamente comprovado por vários estudos que o hormônio do apetite pode ser estimulado visualmente, ou seja, o que vemos torna-se um desejo. Basta você fechar os olhos e pensar em algo que gosta muito e verá como a sensação de prazer aumenta, fazendo a boca salivar. Portanto, recomendo que pare de seguir contas de alimentos no Instagram ou outro aplicativo, e que reduza seu tempo de tela, em especial na fase de reeducação e organização alimentar;

9. Comer muito rápido

Se você é uma daquelas pessoas que literalmente traga a comida, sem sequer saber o que comeu, pode até se sentir fisicamente saciado, mas seu cérebro não será capaz de registrar o volume de alimentos e nutrientes recebidos da mesma forma, e a sensação de fome vai permanecer mentalmente.

Estudos afirmam que comer em um ritmo lento e moderado ajuda a liberar os hormônios da saciedade, enviando sinais ao cérebro de que estamos satisfeitos. Aqui também devemos falar sobre o hábito de mastigar: se você come muito rápido, provavelmente não está mastigando o suficiente seus alimentos.

O processo digestivo começa no ato de mastigar, que muitas vezes é negligenciado. É nesse momento, triturando o alimento na boca, que o corpo começa a liberar as enzimas necessárias para digerir os alimentos de acordo com os nutrientes ou macronutrientes que identifica; e mais: esse primeiro passo permite o desencadeamento de enzimas e outros fatores biológicos necessários para continuar com o processo digestivo até o intestino e assim tirar o melhor proveito do alimento. Só podemos sentir aromas e sabores nessa fase da mastigação, quando o alimento está na boca. Temos sensores do palato no céu da boca e na língua, mas não na garganta.

Ao comer muito rápido, não só deixamos de dar o tempo necessário para o hormônio da saciedade acordar, mas também perdemos a possibilidade de absorver nutrientes, criando problemas estomacais e intestinais ao permitir a passagem de grandes pedaços de comida que deveriam ser triturados oralmente e não no estômago ou no intestino. Isso causa desconfortos como azia, refluxo, inchaço, entre outros.

Quem transforma a mastigação em um processo mais consciente tem outra oportunidade de se precaver e não comer em excesso. Com essa prática, grandes quantidades de comida demoram muito mais tempo para serem ingeridas, e assim podemos entender que muitas vezes, menos é mais, reafirmando que precisamos de muito menos alimentos do que normalmente consumimos;

10. Qualidade dos alimentos que escolhemos

Quando tocamos nesse ponto, automaticamente surge o fator econômico e o quanto gastar com comida ou não. Respeito totalmente a sua decisão, porque todos nós temos um orçamento específico, mas me deixe dizer que comer de modo mais saudável, no final, acaba sendo mais econômico.

O principal ponto aqui é o consumo de proteínas, que costumam ser os ingredientes mais caros. Garanto que você está consumindo mais proteína do que precisa por dia. Em linhas gerais, é recomendada a ingestão diária de 150 g a 200 g para mulheres e homens, e se você ingerir proteína animal no almoço e no jantar já ultrapassa essa medida – e não estamos considerando ovos, queijos, leite e outros alimentos ricos em proteínas, então, preste atenção nessas porções.

Corrigindo a quantidade de proteína, você naturalmente aumentará o consumo de vegetais e frutas, que são ingredientes mais baratos e fornecem um número maior de nutrientes com a menor quantidade de calorias. Por isso, quando montar o seu prato, pense bem: 50% deve estar cheio de vegetais ou frutas e os outros 50% devem ser divididos igualmente entre proteínas e carboidratos de boa qualidade. Além disso, ao decidir controlar o consumo de proteína animal, ajudamos a preservar o planeta, mas isso é assunto para outro livro.

Junto com esses ajustes, é preciso evitar o consumo de produtos embalados com longo prazo de validade: isso vai ajudar a melhorar a saúde e o nível de fome, pois esse tipo de alimento fornece calorias vazias, engorda, não sacia, nem nutre. Portanto, opte sempre por alimentos frescos, caseiros, sem conservantes.

Um fator que vai ajudar muito nesse processo é a qualidade e o tipo de alimento que escolher. Quanto mais natural o alimento, mais saciedade ele cria; portanto, alimentos processados devem ser evitados e, se possível, eliminados. Como gosto de explicar graficamente: quanto menos comida em caixas ou sacos plásticos ou de alumínio, melhor será sua alimentação.

Mas a verdade é que a maioria das pessoas sabe exatamente o que deve ou não comer, o que lhes faz bem ou mal. Há muitíssima informação sobre alimentação – demais, para o meu gosto. Contudo, mais do que seguir uma dieta que muitas vezes é necessária quando há um problema de saúde, a ideia é que você descubra uma forma de se alimentar que possa praticar todos os dias, mantendo um peso saudável sem conviver com restrições o tempo todo. Acho que consigo imaginar o suspiro profundo que saiu de seu chacra cardíaco. Sei que parece impossível, mas esse tipo de alimentação existe, faz parte da nossa natureza, da nossa essência. Naturalmente, não nascemos para viver de dietas: você sabe perfeitamente o que deve parar de fazer e, a essa altura do livro, já começou seu trabalho emocional para colocá-lo em prática. Confie. Eu confio em você e estou lhe mandando todas as minhas energias.

Algumas pessoas se relacionam com a comida do mesmo modo que outras se relacionam com Deus: é uma forma de se elevar ao paraíso e aliviar a dor. Se você tem problema de peso, peço que pare e pense: o problema não é realmente fazer dieta, mas sim resolver outro aspecto; e muitas vezes o problema não é fazer dieta, mas sim tentar consertar ou mudar o corpo.

Somos da natureza e a natureza está em nós.

Fonte: ShutterStock.

Capítulo 8
Despertando o corpo

Como já disse antes, você tem todas as ferramentas de que precisa para finalmente começar a viver em paz com a comida e ser feliz. Agora só precisa se reconectar com seu corpo, voltar a senti-lo, deixá-lo falar, ouvir suas mensagens, sincronizar-se com ele. Assim, a mente, o corpo e o coração trabalharão juntos para o mesmo objetivo.

Para isso, faremos uma pequena e simples prática de *mindfulness*. Para quem não sabe o que o termo significa, eu explico: é uma prática que consiste em prestar atenção ao momento presente, fazendo-o com intenção, sem julgamento. É um tipo de meditação que se concentra no ato de observar os pensamentos, as emoções e o estado do corpo. Ela pode ser aplicada em diferentes locais ou situações, mas não entre em pânico, você não precisa ter a experiência de um monge tibetano para praticar. Lembre-se de que meditar é uma forma de se comunicar com sua luz, seu interior, Deus etc., portanto, é inata à nossa essência.

Mindfulness "Reconectando-se com o corpo"

Para que a prática seja feita de maneira correta, primeiro leia as instruções completamente, para compreendê-las, então prepare o cenário, os materiais e os alimentos. Seria de grande ajuda resumir ou sintetizar as etapas em papel para que possa seguir a sequência com o mínimo de interrupções. Não a coloque em prática até que tenha mais ou menos memorizado os passos. Escreva suas percepções após cada experiência. Deixe o telefone em outro lugar e não saia do recinto antes de terminar todas as degustações. Por isso, recomendo ir ao banheiro antes de começar.

Utensílios:
- Seis pratos ou potinhos pequenos que sejam do seu agrado
- Uma xícara (chá)
- Três garfos
- Quatro colheres pequenas
- Sete colheres (café)
- Uma folha ou caderno para anotar
- Um lápis
- Um recipiente com gelo para manter o sorvete frio
- Um relógio, de preferência digital e que não seja de pulso, pode usar seu telefone, mas certifique-se de que o aparelho esteja em modo avião para evitar interrupções e as ondas eletromagnéticas

Alimentos:
- *Sorbet* de limão ou maracujá ou framboesa: uma porção individual
- 3 colheres (chá) de amendoim confeitado ou amêndoas confeitadas (cobertos com uma camada de açúcar)
- 3 rodelas de cenoura crua, sem casca
- 3 cubos de queijo parmesão (um pouco maiores do que um dado)
- 2 cubos de maçã verde sem casca
- 1/2 xícara de chá-verde, quente (pode deixá-lo descoberto, para que não esteja extremamente quente na hora de ingerir)
- 1/2 xícara de merengue fresco (claras batidas em neve com açúcar)

Se você tem alergia a algum desses alimentos, use sua criatividade e substitua por outro que seja o mais parecido possível, com as mesmas características: de sabor (salgado ou doce), textura, consistência e cor.

Preparo:

Coloque todos os ingredientes nos potinhos ou pratinhos separadamente. O *sorbet* deverá ter uma porção maior do que o restante, pois será usado antes e depois de cada um dos demais ingredientes. Mantenha ele dentro de um recipiente com gelo (como quando colocamos uma garrafa de champanhe) para não perder a temperatura e textura.

Procure um ambiente calmo e tranquilo: o ideal é sentar-se a uma mesa. Deixe seu celular longe e tente não sofrer interrupções no processo. Um ambiente privativo e tranquilo é o lugar ideal.

À sua frente, distribua os potinhos formando um diagrama da letra H maiúscula. No lado esquerdo de sua letra H, organize os alimentos de cima para baixo na seguinte ordem: queijo, merengue, maçã. O centro de sua letra H será o potinho com o *sorbet* e, no lado direito da letra, os seguintes alimentos de cima para baixo: cenoura, xícara de chá, amendoins confeitados.

Em resumo, a prática é a seguinte:

Coloque o relógio na frente para poder administrar os minutos de cada degustação; o tempo indicado em cada experiência é um mínimo. A ideia é colocar todos os sentidos para funcionar – olfato, audição, tato, visão, paladar (até o seu sexto sentido se fosse possível) –, todos esses pilares de emoções e estímulos são ativados por meio da alimentação. Siga cada um desses estímulos com sua mente, permita-se viajar com essa energia, com essa corrente, e sinta. Deixe à mão o caderno e o lápis para anotar, após cada degustação, o que você sente e qualquer lembrança que possa surgir.

Lembre-se de ler todas as instruções, entendê-las e anotar a sequência antes de iniciar a prática. Pode ser útil fazer uma lista, anotando todas as perguntas de cada experiência para que você possa responder com mais facilidade. Não se preocupe caso pule alguma pergunta ou não consiga responder a todas, não existe um procedimento errado ou correto para a experiência; não se estresse, não se esgote nem se canse antes de começar. É importante não demorar mais do que três minutos entre cada experiência.

Primeira experiência:

Sente-se confortavelmente com a coluna ereta, sem apoiá-la no encosto da cadeira, e coloque o relógio na frente. Comece enchendo uma colherinha do *sorbet* que está no centro do diagrama, traga-o até você, observe a cor, textura e forma, aproxime-o do nariz e sinta o aroma; talvez você possa até sentir sua temperatura antes de colocar em sua boca. Leve a colher à boca e prove o *sorbet* por um mínimo de 45 segundos. Desperte todos os sentidos, solte sua imaginação, sinta a acidez do *sorbet*, perceba que parte da língua é estimulada: frente, lateral ou traseira? Note como a temperatura gelada e o sabor azedo invadem sua boca; qual a sensação mais marcante: o sabor ou a temperatura? Perceba com que rapidez o *sorbet* derrete na boca. Comece agora a sentir o deslocamento do *sorbet* e veja como ele se move da boca à garganta e ao umbigo, veja se localiza algum traço deixado em seu caminho, alguma luz, uma cócega, e se o aroma já se perdeu ou ainda está presente.

Observe o relógio: já completou 45 segundos? Faltou ou sobrou muito tempo? Você achou que 45 segundos durariam mais ou menos? Qual é a sua percepção do tempo?

Respire.

Como foi a sua experiência, gostou? Foi agradável, diferente? Anote no caderno todas as sensações e emoções. Se não conseguiu completar ou chegar perto dos 45 segundos, é melhor repetir a experiência antes de passar para a segunda etapa, que será por mais tempo.

Leve mais uma colherada de *sorbet* à boca; preste atenção ao relógio. Desta vez, seu tempo mínimo será de um minuto. Vá em frente e sinta agora a temperatura da colher em sua boca: está mais fria ou mais quente que o *sorbet*? E o material dessa colher é mais sólido, suave ou inflexível? Retire lentamente a colher da boca e observe se o metal toca seu lábio inferior, se a temperatura se transfere para a parte externa da boca. Veja se ao fechar a boca para degustar o *sorbet*, seu lábio inferior transfere essas sensações para o lábio superior. Se quiser, pode fechar os olhos.

Observe como um fluxo de saliva começa a sair de suas papilas gustativas, se consegue identificar de onde vem.

Concentre-se no processo de derretimento do *sorbet*, em como ele sofre uma metamorfose e transforma sua consistência, seu corpo. Perceba como a temperatura começa a invadir cada um dos cantos da sua cavidade bucal, seus dentes estão sendo impactados por essa onda de frio? Como está o sabor? Ele ainda está localizado em um lugar específico ou em toda a sua boca? Sinta como partes desse alimento começam a se soltar e descem pela garganta com a maior sutileza sem você conseguir controlar o trajeto; note como sua garganta já se adaptou a essa temperatura e você já recebe os fluidos com mais familiaridade sem tanto impacto. E com a audição ativada, tente ouvir o movimento da boca, da língua ou o barulho do alimento escorrendo pela garganta.

Feche os olhos e aproveite essas sensações e sentimentos o quanto quiser, agradecendo por estar vivo, por sentir, por seu corpo, por seus sentidos, por sua saúde, por sua liberdade; agradeça por tudo que achar necessário e continue com a próxima experiência, lembrando que não devem passar mais de três minutos entre elas.

Segunda experiência:

Vamos com mais uma chuva de sensações. Fique confortável, relaxe as costas ou músculos; se necessário, corrija sua postura. Agora vá em frente e escolha os amendoins confeitados (ou amêndoas). Realize a experiência sensorial por 2 minutos.

Observe os amendoins: que aparência têm? Como é a superfície? Essa imagem já traz uma predisposição de sensações. A aparência aumenta seu desejo de provar ou não causa impacto? Coloque uma colherinha na boca, observe como o paladar fica limpo após o *sorbet*. Como é essa nova sensação de calor que chega à sua boca? Esses novos elementos rígidos que aparecem em sua boca, qual é o seu instinto? Quer mastigá-los descontroladamente ou consegue segurá-los inteiros por mais um tempo?

Comece a quebrar os pedaços com os dentes e perceba todos os estímulos: tato, paladar, olfato e audição a mil. Qual sentido foi estimulado primeiro? Consegue diferenciar o que é cheiro ou sabor, ou eles são iguais e inseparáveis?

Perceba a aridez da comida. É um incômodo na sua língua? Acha ruim? Observe como sua saliva começa a ser liberada para estabilizar a umidade do bolo alimentar e como o processo de mastigação fica mais fácil.

De uma superfície rígida, com o tamanho das partículas mudando, a textura e a umidade alteram lentamente; veja como o seu volume diminui e muda de uma boca cheia para um espaço mais vazio. Veja se dá para acompanhar o trajeto dos alimentos. Deslizam mais facilmente do que a experiência anterior ou não?

Qual sensação é mais agradável: a do *sorbet* ou dos amendoins? Qual deles estimula melhor os seus sentidos? Dois minutos foram suficientes para completar a experiência, ou não? Anote as sensações, pode ser que tenha surgido alguma memória da infância. Alguma imagem lhe veio à cabeça?

Agora pegue mais uma colherada de *sorbet* e saboreie para limpar o paladar e neutralizá-lo para a próxima experiência. Certifique-se de que a boca esteja limpa e sem resíduos da degustação anterior. Demore o tempo que precisar.

Vamos provar uma colherada de amendoins mais uma vez, pelo tempo de um minuto e vinte segundos, no mínimo. Desta vez, deposite a medida na palma da sua mão dominante.

Conecte-se com o seu tato e sinta o alimento: qual é a diferença do seu toque com a língua ou com a mão? Os amendoins são mais duros do que pareciam ou será que seus dentes são muito fortes? E a textura? Ficam menos ásperos nas mãos ou na boca? E quanto ao formato? Você conseguiu sentir o formato deles com a língua? Pareciam do mesmo tamanho ou diferentes?

E a visão: você consegue notar a aspereza ou a rigidez do alimento? Se nota, sente mais claramente do que apenas provando com a língua?

Agora leve o alimento com os dedos até a boca: o que é mais gostoso, a sensação da colher ou dos dedos?

Agora prossiga mordendo e se concentre na sua audição. Acompanhe o barulho e tente identificar que distância essa transmissão de som atinge, identifique o lugar dentro do seu cérebro ao qual chega.

E conforme o estímulo auditivo aumenta ou diminui, concentre-se e preste atenção até que o último traço de som desapareça. Será que conseguiu sentir mais de uma sensação ao mesmo tempo? Sentiu o sabor e o aroma à parte do som? Ainda tem alimento na boca, ou tudo foi digerido junto com o som? E como está a temperatura de sua boca e a textura de sua língua?

Anote sua experiência e compare as diferenças com a primeira degustação de amendoins.

Quando se sentir pronto, prossiga e limpe seu paladar novamente com uma colherada de *sorbet*; saboreie de forma que sua boca fique limpa e neutralizada para a próxima experiência. Certifique-se de que sua boca esteja limpa, sem nenhum resíduo da degustação anterior; não consuma mais do que uma colherada. Após 3 minutos ou menos, pode começar com a terceira experiência.

Terceira experiência:

Agora escolha o recipiente com as 3 rodelas de cenoura.
Tempo mínimo de experiência sensorial de 2 minutos.
Comece estimulando a sua visão e observe o alimento em detalhes enquanto ele está dentro do potinho à sua frente. Você gosta da cor e do formato? Que sentimentos ou sensações ele inspira em você? Alegria, calor, frio etc.

Sua visão é perspicaz? Você consegue perceber os detalhes do formato, consegue visualizar a textura, quantos tons diferentes de cores consegue distinguir?

Agora pegue o garfo e espete uma das rodelas. Consegue despertar seu tato apesar de ter outro objeto entre sua mão e o alimento? Será que com essa ação você conseguiu despertar a sua audição, conseguiu ouvir como o garfo penetrou as fibras do vegetal? Será que, ao mesmo tempo em que tudo isso acontecia, seu olfato foi sutilmente estimulado por meio de pequenas partículas aromáticas que viajaram como vapor por uma pequena distância do potinho ao nariz, mais especificamente aos bulbos olfativos e depois ao cérebro? Será que seu cérebro reconheceu o alimento por meio da visão ou do olfato?

Leve a rodela de cenoura à boca com o garfo e comece a prová-la. O que acha? Deliciosa, ruim, seca, suculenta, refrescante, agradável, desagradável, indiferente... que sensações e emoções ela despertou? Ela trouxe alguma memória à sua mente?

Qual sensação foi mais intensa, mais arrebatadora em seu corpo? O *sorbet*, os amendoins ou a cenoura? Tem algum sabor ou sensação dos alimentos anteriores que permanecem em seu corpo até agora? Seu corpo aceita esse novo alimento ou pede que você volte a um dos sabores anteriores? Continue a mastigar até engolir tudo.

Agora, quando se sentir pronto, pegue outra das duas rodelas de cenoura com os dedos e leve à boca. Como está? Qual a diferença que percebe na textura agora, que não conseguiu perceber com o garfo? É agradável ao toque? Qual é a temperatura? É um corpo seco ou molhado? E você acha que todas essas características que percebeu são harmoniosas entre si ou mudaria algum detalhe?

Em seguida, aproxime a terceira rodela de cenoura dos olhos. Observe cada um dos detalhes, cada ranhura, cada linha. O seu olhar anterior foi tão detalhado e cuidadoso como agora? Que novos detalhes descobriu? Há algum detalhe que era parte da sua imaginação e não existia realmente?

E o cheiro? Será que pelo tato e pela visão, ele foi estimulado em seu cérebro?

Até agora, depois de todas essas sensações, você está com vontade de comer cenoura, ou não? Compare as sensações do seu corpo com as da primeira degustação. São mais intensas, iguais ou menos intensas?

Coloque a rodela na boca, mastigue e observe, ao engolir o alimento, a sensação que ele causa na garganta, se desliza com facilidade ou com dificuldade. Consegue seguir o percurso dele em seu corpo? Até onde conseguiu segui-lo? Em qual parte do trajeto você perdeu o rastro? Respire e anote suas percepções.

Como você se sente? Cansado, normal ou com mais energia?

Agora leve sua percepção ao seu estômago. Como se sente? Leve, cheio, satisfeito ou indiferente? Ansioso para continuar provando os alimentos ou satisfeito?

Você pode limpar o paladar novamente, com calma, sorvendo uma colherada de *sorbet*. Saboreie até sentir a boca limpa e neutralizada para a próxima experiência. Você pode demorar até 3 minutos nesse processo: aproveite e observe alguns detalhes, mas não demore mais do que 3 minutos.

Como é a terceira vez que você está provando o *sorbet*, o que achou? Ainda desperta as mesmas sensações? Ou menos? Suas características ainda surpreendem você? Ou seu corpo já reconhece e se acostumou com o alimento, o sabor e outros estímulos? Já está cansativo para você, ou a experiência ainda é agradável? Você agora come mais rápido ou devagar? Ou já começou a comer sem saborear, em piloto automático, mecanicamente?

Quarta experiência:

Pegue o potinho com os cubos de parmesão. Duração da degustação sensorial de no mínimo 2 minutos.

O que você acha do visual? Em comparação com as cenouras, é mais ou menos agradável? Qual a cor que mais lhe agrada, o que cada uma inspira em você? Vá ainda mais longe na sua memória e compare o visual com o dos amendoins e com o do *sorbet*. De todos os alimentos, de qual você mais gosta? Qual formato físico é mais imponente?

Observe os cubos de queijo e pegue um com os dedos. O que acha dessa nova textura e temperatura? Como é a intensidade do aroma desse alimento? Será que as partículas do aroma chegarão mais rapidamente ao seu cérebro? Que lembrança esse aroma traz a você? Por meio do aroma, você sente vontade de comer, ou ele causa rejeição?

Coloque o cubo de queijo delicadamente entre os lábios antes de prová-lo e note pelo toque como a textura muda e o aroma se intensifica. Isso aumenta o desejo ou a rejeição pelo alimento? Agora deixe entrar na sua boca e mastigue. Como é a sensação? Melhor ou pior, mais ou menos agradável? Ou insuportável? Você sente algum estímulo auditivo causado pelo alimento, ou apenas escuta os ruídos causados pelo seu corpo durante o processo de mastigação? A textura condiz com a sua percepção visual? A textura oferece resistência aos dentes quando você morde, ou é fácil de romper? E a permanência do alimento na boca, como é? Se desfaz e desliza facilmente pela sua garganta? Que sensação fica na boca depois de engolir? E a sensação térmica que fica, qual é, frio ou calor? Sente alguma outra sensação, como sede, calor, náusea, fome, satisfação, cansaço, saciedade?

Agora coloque os próximos dois cubos na boca e sinta como sua cavidade oral se enche, diminuindo o espaço para movimentar os cubos com a língua. Preste atenção que outras partes da boca estão sendo tocadas pelo alimento, como o palato e a gengiva. E qual é a sensação gustativa que aparece primeiro: umami, salgado, azedo? Em que parte da boca você sente essa sensação gustativa: lateral da língua, anterior, posterior?

A presença de uma porção maior de comida na boca aumenta as sensações? Isso facilita ou dificulta a degustação? Fica mais agradável ou desagradável? E o tempo necessário para comer o alimento, aumenta ou não interfere? A comida fica mais fácil ou mais difícil de engolir? Ela desliza mais rapidamente pela garganta, fica mais pesada quando alcança seu estômago? Respire e anote suas sensações.

Mais uma vez, limpe o paladar com uma colherada de *sorbet* e o saboreie até sentir a boca limpa e neutralizada para a próxima experiência. Depois de 3 minutos ou antes, pode começar com a quinta experiência.

Quinta experiência:

Duração da experiência: um minuto.

Escolha o potinho com os 2 cubos de maçã verde. Observe a porção: o que a cor lhe inspira? Ela estimula o apetite? Se você não soubesse o que é, poderia distinguir a fruta apenas pela imagem?

Aproxime o potinho para sentir seu aroma: você conseguiria distinguir o alimento apenas pelo cheiro?

Pegue os pedaços com os dedos e veja se pelo toque consegue identificar alguma característica típica da fruta. Leve ambos os pedaços à boca e prove.

Qual é a proporção do tamanho do bocado em relação à sua boca? Grande demais? Justo, desagradável?

Você consegue comer ou mastigar com a boca fechada? Qual é o primeiro sabor que surge na boca? Qual é o sabor mais predominante: doce ou azedo?

Você já sentiu qual parte da língua está estimulada pelo sabor ácido? Qual é o sabor mais ácido, o da maçã ou do *sorbet*, para limpar o paladar? Qual alimento deixa sua boca mais limpa e fresca: a maçã ou o *sorbet*?

A textura crocante da maçã é agradável ou desagradável? Continue mastigando e note como as fibras do alimento se partem. Mastigue até extrair todo o suco de seu bocado para que você possa sentir todas as fibras; engula e preste atenção em como o alimento se desloca pela garganta, desliza facilmente ou não? Você gostaria de comer mais uma porção? Respire, descanse e anote suas percepções.

Agora limpe o paladar com outra colherada de *sorbet* e saboreie até sentir a boca limpa e neutralizada para a próxima experiência. Observe se depois de comer a maçã ele parece menos azedo e mais doce. Depois de 3 minutos ou menos, você pode começar a sexta experiência.

Sexta experiência:

Duração de 2 minutos. Pegue a xícara de chá-verde e segure-a com as palmas das mãos. Observe como seu toque é estimulado pelo calor. Como está a temperatura? A sensação é a mesma, tanto na mão esquerda quanto na direita? Com cuidado, aproxime a xícara da boca. Consegue sentir o aroma? Consegue sentir a temperatura em seu rosto? Está mais quente do que nas mãos? Consegue sentir o vapor se aproximando da pele de seu rosto? Consegue ver esse vapor?

Vá em frente e tome o primeiro gole do chá. O que aconteceu com a temperatura? Aumentou? Sentiu mais calor nos lábios, na boca ou entre as mãos? O que lhe parece mais agradável, um alimento líquido ou sólido? E o sabor, você conseguiu provar o gosto antes ou depois de engolir o chá?

Vamos repetir a experiência, mas desta vez de forma mais lenta, sorvendo um gole maior de chá, enchendo mais a boca. Ao colocar o chá na boca, não o engula rápido: segure por uns trinta segundos dentro da boca para que possa sentir o gosto. Você sentiu o gosto amargo do chá? Ele lhe pareceu agradável ou não? É a primeira vez que sente esse gosto nas experiências? Em que parte da língua você sentiu o gosto amargo?

A temperatura mudou em relação ao primeiro gole que você tomou? Ficou mais quente nos lábios, na boca ou entre as mãos? Como está a temperatura do chá? Parece adequada, quente demais, ou não? Como seu corpo recebe esse líquido quente depois de tantos alimentos frios? Você consegue seguir o trajeto do chá pelo corpo? Qual é o estímulo que sente que o faz acompanhá-lo em seu corpo: o volume do líquido ou o calor? Ele foi mais longe ou mais para baixo em seu corpo do que os alimentos sólidos?

Continue bebendo o restante do chá na velocidade que quiser e reveja todos os pontos discutidos acima com cada gole de uma forma mais leve e relaxada. Veja quais características aumentam ou diminuem: desfrute e anote seus sentimentos e emoções ao final da experiência.

Depois de 3 minutos, prossiga neutralizando o paladar com uma colherada de *sorbet* e concentre sua atenção na mudança de temperatura: observe o choque térmico, como ele percorre seu corpo, a que distância chega e com que velocidade desaparece.

Última experiência:

Pegue o potinho com merengue.

Como se sente? Cansou de comer, de se concentrar nas sensações? Vamos à sétima e última experiência. Permita que dure no mínimo um minuto.

Observe o merengue, mergulhe em sua forma como se estivesse entrando em uma nuvem. Qual é a sensação que produz, de relaxamento? Observe ainda mais detalhadamente e note se consegue ver alguma porosidade, se consegue distinguir as partículas de ar suspensas na superfície. Agora, lembre-se da cor branca da maçã. Qual é o alimento mais branco? De qual você mais gosta e por quê?

Com os olhos fixos no merengue, retire lentamente uma colherada do recipiente. Consegue ver como o metal da colher quebra a superfície lisa do merengue? Consegue ver as partículas de ar se soltando? Quem sabe algum ruído sutil?

Leve o alimento à boca e observe a sutileza da textura. Pressione o merengue na boca e veja como ele sutilmente desaparece e se impregna em cada canto entre os dentes. Feche os olhos e saboreie. Para onde foi aquele alimento? Deslizou parcialmente pela sua garganta, será que evaporou? Sinta o equilíbrio perfeito entre sólido e gasoso e aprecie a delicadeza do bocado.

Se a degustação foi rápida demais, pois são muitos detalhes para tão pouco tempo, experimente mais uma colherada; transporte-se ao tempo em que você era uma criança – talvez alguma vez você tenha mergulhado o dedo em um pote de merengue –, e viaje por todos esses sabores e sensações. Permita-se mergulhar e se perder nessa jornada de sensações e emoções. Pegue o recipiente, passe o dedo indicador no merengue e continue a comer com os dedos. Liberte-se, ria e celebre a oportunidade de ter se reconectado com seu corpo, com seus sentidos, por descobrir sua magnificência, por descobrir a grandeza da vida em você, por sentir o Universo em sua boca, por estar vivo: simplesmente seja feliz e desfrute.

Agora que a meditação *mindfulness* acabou, relaxe e descanse por alguns minutos. Pense na experiência e faça uma pequena pausa antes de voltar à leitura.

Não se preocupe, nem se questione se a experiência foi realizada da maneira certa ou errada, ou da melhor forma. Não se julgue nem desconfie do seu ritual, esses pensamentos e dúvidas são normais quando é a primeira vez que se faz essa experiência. Aqui há muitas lições que podem ser aprendidas, como a importância do poder de organização, a concentração etc., mas desta vez o objetivo principal era que você entendesse detalhadamente todos os estímulos, sensações e detalhes que recebemos por meio da alimentação, e não tenho dúvidas de que isso foi alcançado com sucesso, independentemente da forma como você conduziu as experiências.

Capítulo 9

Cultivando o corpo como um todo

Ao mesmo tempo, era importante perceber todos os sentidos, sensações e órgãos que entraram em ação nesse processo simples de alimentação, isso sem falar nos processos que não podemos visualizar ou sentir. E apesar dessa explosão de informações que recebemos quando comemos, em geral podemos sentir, com sorte, uns vinte e cinco por cento desses detalhes quando almoçamos ou jantamos, isso porque estamos sempre fazendo várias coisas ao mesmo tempo – conversando, olhando o celular ou assistindo à televisão. O momento em que voltamos a estar presentes e nos reconectamos com o nosso prato é quando a porção de comida acaba. Não percebemos sequer o que estávamos comendo, a que velocidade, quantos sabores recebemos, ou se acabamos comendo mais do que queríamos, e assim por diante.

Essa experiência traz muita consciência para o que diz respeito à comida. Ela pode ser realizada com qualquer tipo de alimento, e recomendo que esta não seja a primeira e a última vez: da próxima será mais fácil. Inclusive, realizá-la em família é excelente – é como uma brincadeira; para crianças e adolescentes é uma forma divertida de se conscientizar sobre a alimentação e nossa biologia; comparar os resultados e as respostas de todos os participantes é sempre divertido e surpreendente.

A essa altura do livro, acredito que não lhe restam dúvidas sobre a bela máquina que nossa fonte divina criou para que possamos viver esta vida terrena.

Seja feliz, você está de volta ao caminho da luz, da sua essência divina. Você recebeu a possibilidade de encontrar o divino em si mesmo mais uma vez, receba essa oportunidade, não a desperdice. Você merece ser feliz e viver em plenitude. Cada um dos passos e práticas que você seguiu desde o início do livro trouxeram consciência e vida a você. Lembre-se de que esses dois conceitos são inseparáveis: a vida é consciência, e consciência é vida.

O seu corpo é vida e o alimento também, tudo está em sincronia, organizado dentro do nosso corpo.

No livro *Cartas de Cristo*[3], volume um, Cristo diz:

"A alimentação e a nutrição são um processo maravilhosamente organizado dentro do corpo, que é evidente para aqueles que se dão ao trabalho de considerá-lo. A alimentação é fornecida para todos os seres vivos de acordo com as preferências individuais e o alimento é digerido para promover a saúde e o bem-estar."

Independentemente de sua crença, vale dizer que se a comida não fosse importante, essencial e vital, ela não seria considerada em textos bíblicos, religiosos ou espirituais. É essencial que você tenha um corpo e um espírito saudáveis para que possam se comunicar entre si corretamente, e, assim, descobrir o seu potencial divino. Por isso, não duvide por nenhum segundo de que voltou à luz. Dedique-se e cultive seu corpo físico e espiritual junto com uma alimentação adequada e saudável, que são a base da felicidade.

---

3   Cartas de Cristo: a Consciência Crística Manifestada. Colombo: Almenara Editorial, 2012.

Amor, gratidão e abundância.

Estamos na parte final do livro e confesso que demorei um pouco para me sentar e escrevê-la de uma vez, simplesmente porque vou falar sobre as duas emoções mais essenciais e importantes da vida: amor e gratidão. Elas são as chaves necessárias para se viver em abundância.

Não sei se tenho capacidade suficiente dentro de mim para conseguir descrevê-las nestas páginas, ou se tenho sensibilidade suficiente para ir além da minha percepção dessas emoções. Mas sei que é vital, e farei um grande esforço para tentar deixar clara a grandeza que essas palavras mantêm entre elas, o segredo da nossa felicidade e do nosso Universo. Faço o esforço e a tentativa porque é meu dever como ser consciente que faz parte de um Universo, de um todo, contribuir com luz para poder trazer a luz onde há escuridão e não falo isso de uma posição egoísta, com ego, mas com grande humildade e desejo de ajudar as pessoas a serem mais felizes.

O amor existe desde sempre, desde que a vida surgiu, e não duvido que o primeiro amor que se esboçou na Terra foi o de uma mãe. O amor está impresso em nossa genética, codificado em algum lugar em nosso DNA e nosso espírito. A gratidão vem depois, porque é preciso viver no amor, conhecer o significado do amor para estar ou ser grato.

Amor é uma das palavras mais banalizadas do planeta; dizer "eu te amo" é quase um hábito, e nós acabamos fazendo isso automaticamente, sem realmente sentir. Existe o dia de São Valentim, também conhecido como o Dia dos Namorados, criado para celebrar o amor e todas as suas formas, e desde pequenos sonhamos em conquistá-lo. Eu, que sempre fui tão emocional e expressiva, já havia dito "te amo" muitas vezes antes de chegar aos 10 anos. Eu mal sabia que levaria mais de trinta e cinco anos para compreendê-lo e senti-lo em sua totalidade.

Como todo ser feminino, apaixonada pela vida, sonhei em descobrir o amor desde minha infância. Isso vem de minhas vidas passadas, os pontos negros que são os carmas de amores passados que hoje tento curar e compreender estão gravados na minha aura. Estou no processo, não tem sido fácil, mas é, sim, mágico e divino em todo o seu transcorrer.

Não sei quando começou, nem por que, mas na nossa sociedade, o amor – ou o que pensamos ser amor – sempre esteve associado apenas aos familiares, casais e filhos, e animais de estimação; amor e sexo andam juntos ou pelo menos é assim que se pretende, seja para o prazer ou para a procriação.

Pouco tempo atrás, começamos a ouvir falar do amor-próprio, que é outro tipo de amor. Mas quase nunca ouvimos falar do amor espiritual ou universal, que é o que tento compartilhar com você hoje. O mais similar é o amor que se pretende impor por intermédio de algumas igrejas ou congregações religiosas, mas isso não resolve se não é feito o trabalho individual. Conforme citado, traspassar ou impor uma crença não é o mesmo que fé, esta precisa ser sentida e vivenciada pessoalmente.

Este amor espiritual abrange todos os amores: o de um casal, o de um filho, da família, dos amigos, o de um próximo desconhecido, o seu próprio e o amor do Universo e da fonte universal. Esse amor não é sentido com a mente, nem com o pensamento – ele é vibrado com o coração, é sentido com o coração e de lá segue para a mente a fim de se tornar realidade e se projetar para os outros, para o mundo. É esse processo que nos permite viver em abundância.

Este amor nasce em nosso chacra cardíaco, o chacra *Anahata*, que já mencionei várias vezes e ao qual voltaremos agora, reforçando algumas ideias e complementando outras para que você tenha uma ideia mais clara e possa trabalhar para vivê-lo. E se digo trabalhar para vivê-lo é porque é o resultado da nossa evolução moral e espiritual. Se alguém o vive e o conhece desde muito jovem, é porque já tinha consciência em seu coração de outras vidas, um espírito antigo e mais evoluído que veio ensinar os outros. Para os seres mais comuns, como eu e a maioria das pessoas, este amor espiritual é encontrado pelo autoconhecimento, vivendo a vida com seus sofrimentos e alegrias, desilusões e conquistas.

Há algum tempo, e mais intensamente em 2019, começamos a ouvir nos círculos espirituais que precisávamos orar mais, vibrar alto para ajudar nosso Universo, nosso planeta, porque tempos difíceis estavam chegando, de muitas provações, de muitas desencarnações. Falaram até de uma possível terceira guerra mundial, e aqui estamos hoje, em 2021, vivendo tudo isso e um pouco mais.

E quando digo vibrar alto para ajudar nosso Universo, é simplesmente sentir esse amor global ou espiritual que nasce em nosso chacra cardíaco inicialmente, que não é pensado com a mente, porque é pura energia e a energia é sentida, não é pensada.

Este amor espiritual nasce no chacra cardíaco, localizado mais especificamente atrás do esterno, que é um osso torácico, plano, ímpar e simétrico em forma de uma letra T (maiúscula) e que protege o coração e os pulmões. Ali está o timo, que é a glândula imunológica mais importante do nosso corpo, conhecida como a fonte da juventude, porque produz os hormônios responsáveis pelo crescimento, reparação e regeneração do corpo. É por isso que nossas emoções afetam diretamente a nossa saúde: porque a partir do que sentimos irradiamos vibrações energéticas vindas do coração ou do chacra cardíaco, altas ou baixas, e que se espalham por todo o corpo.

É tão simples e didático que basta encontrar uma pessoa que se sente feliz e você verá sua aparência saudável, vai sentir sua luz e energia; do mesmo modo, é fácil perceber que uma pessoa triste, deprimida ou negativa não irradia luz nem beleza.

O mais mágico e misericordioso é que, assim como nossas emoções e nossos pensamentos podem nos deixar doentes por meio da energia, eles também podem nos curar e nos regenerar. A coisa mais incrível e ainda mais importante é que uma vibração alta, mesmo sendo pouca, tem muito poder curativo, mesmo diante de uma grande negatividade ou vibração baixa. Em outras palavras, uma vibração positiva ou alta tem muito mais força ou poder do que uma energia negativa ou baixa. Por isso o bem sempre triunfa sobre o mal e por isso, embora haja menos pessoas evoluídas ou positivas no mundo, elas são suficientes para neutralizar as pessoas com energia baixa, permitindo que o mundo seja sempre um lugar melhor.

Nosso corpo, nosso planeta Terra e nosso Universo trabalham apenas na base da energia. Somos pura energia e se for difícil para você acreditar ou se precisar de explicações mais específicas, direi que mude seu comportamento e modo de pensar e comprovará por si mesmo como tudo em sua vida melhorará. O ser humano não hesita em acreditar nas coisas materiais: ao inventarem o celular, por exemplo, disseram que podíamos falar com uma outra pessoa a distância. Nós o compramos e usamos constantemente, de modo automático – ninguém antes de usá-lo questionou como funcionava a energia do som ou como a energia viajava no espaço para se reproduzir do outro lado. Ninguém precisou ver as ondas para acreditar. Eles nos venderam um produto, nós o vimos funcionar e o incorporamos em nossa vida. Agora estou aqui dizendo que não estou lhe vendendo, mas estou lhe dando um produto que também funciona com energia... e funciona! Eu e muitas outras pessoas já experimentamos e mudou nossa vida para melhor. Tudo o que precisa para funcionar é que você se dedique a fazer funcionar bem. Assim como você aprendeu a usar o seu celular e a pressionar os botões certos para realizar funções específicas, nosso corpo funciona da mesma forma. Basta conhecê-lo e se conectar a ele.

Como disse a você, a vida é simples e fácil: somos nós que a complicamos; as soluções estão dentro de nós, no nosso ser, e, por isso, ao alcance de todos. A diferença está em desenvolver a consciência e viver a vida com amor, vibrando alto.

Para que você entenda ainda melhor a diferença entre sentir amor com o coração e não com a mente, proponho o seguinte exercício: lembre-se de um momento no passado em que sentiu muito amor e que gostaria de repetir. Quando fiz esse exercício, trouxe à mente a imagem dos meus filhos e fiquei pensando em quando eles eram pequenos e eu gostava de me ajoelhar ou abaixar para abraçá-los e poder sentir o corpo inteiro deles em meu torso; então, fechei os olhos e imaginei o cheiro deles, dos cabelos, a pele quente de tanto correr, a acidez dos corpos suados de tanto brincar e pular. Senti esse momento no meu coração com tal intensidade que magicamente uma energia de amor começou a crescer em meu coração e se irradiou do seu centro para todo o meu corpo, e pude sentir esse amor, essa vibração, em cada uma das minhas células, em todo o meu ser.

Agora escolha sua memória ou lembrança. Todos nós temos uma lembrança de amor; se você demorar a encontrá-la é simplesmente porque está desconectado do seu sentimento. Mas isso pode ser treinado, trabalhado e recuperado.

Escolha um momento que lhe traz muito amor. Sente-se confortavelmente fechando os olhos e comece a trazer o máximo de detalhes possível desse momento: a imagem do local, a temperatura do ambiente ou do dia em que aconteceu, as roupas que você ou outras pessoas estavam usando. Reviva essa imagem em sua mente e sinta como esse amor verdadeiro começa a brotar no seu chacra cardíaco invadindo todo o seu ser. Incrível, não é? Agora você tem uma noção melhor da diferença entre pensar sobre o amor e sentir amor.

É com esse sentir, é com essa sensação que acabou de reviver, que o amor é sentido no coração. É assim que se vibra alto com qualquer emoção quando ela parte do chacra cardíaco e não da mente. Essa é a diferença e a chave do que queremos manifestar em nossas vidas, seja melhorando nossa saúde, nosso trabalho, tendo o parceiro que queremos etc. Esse é o passo inicial para viver abundantemente, plenamente, em paz, sem sofrimento. Devemos sentir isso fortemente e não pensar sobre isso – o pensamento é o segundo passo.

Para que algo se manifeste e tenha força, são necessárias três etapas principais:

1. Sentir esse desejo ou emoção com o coração primeiro, necessariamente;

2. Em seguida, pensar sobre esse desejo que você sentiu no coração, em sua mente, com a mesma energia;

3. Viver de acordo com esse sentimento, emoção ou opção escolhida.

Coloque em prática esses três passos e pense em tirar as emoções do seu prato, que é o objetivo deste livro. A meta principal é comer de forma consciente para nutrir o corpo com alimentos na quantidade certa e evitar os excessos ou a compulsão alimentar.

Você deve sentir com o coração que isso é o que quer fazer. Aqui a parte mais importante é ser honesto com o desejo primeiro. É realmente seu desejo comer melhor ou perder peso? Ou na verdade você pensa que quer fazer isso porque alguém lhe aconselhou ou exigiu, mas não está convencido de que seja necessário?

A partir daqui fica um pouco mais complexo do que isso, porque existem diversos fatores que podem afetar esse sentimento. Por exemplo, se você come porque tem ansiedade ou porque se sente sozinho ou com raiva, deve trabalhar para mudar essas emoções em seu coração, transformar essas emoções como fizemos com as diferentes receitas de psicomagia. Você já avançou muito nesse processo, e se ainda houver algumas vibrações baixas dentro de você, não tem problema, basta repetir as psicomagias que logo serão transformadas, recicladas. Lembre-se de quanto tempo elas estiveram dentro de você; seja paciente consigo mesmo. Essa consideração e respeito pelos seus processos é uma demonstração de amor-próprio.

O importante é ser honesto, que esse desejo seja cem por cento seu, que você acredite que ele é necessário e positivo em sua vida e que você reconheça ou identifique algumas das emoções que influenciam esse desejo para que possa monitorá-las.

Agora que você já sentiu com seu coração ou com o chacra cardíaco o que tinha que mudar ou o que queria, pense nisso com sua mente e solte as rédeas de seus pensamentos sobre tudo que pode fazer a respeito. Podem existir possibilidades infinitas: comer em silêncio, sem televisão, medir porções, preparar um menu semanal, optar por comida vegetariana etc. Se você vai trabalhar com a ansiedade, pode pensar em meditar, em sair para caminhar conscientemente antes de comer, respirar fundo por três vezes antes de encher o prato para concentrar sua mente etc. Lembre-se de que eu citei uma lista com vários motivos pelos quais você pode estar sentindo muita fome ou comendo excessivamente. Volte lá e anote em um papel que este segundo passo é o momento ideal para colocar isso em prática.

É hora de viver e colocar em prática os passos acima: comer melhor, comprar os alimentos que são os melhores para você, organizar suas compras, preparar refeições, seguir os passos descritos no livro etc. Em um contexto de ansiedade, poderíamos dizer: tente parar e se desconectar por cinco minutos antes de sentar à mesa e montar seu prato, não coma correndo, tenha tempo para comer com calma, não brigue nem discuta enquanto come, mastigue a comida com cuidado. Ao terminar o prato, aguarde mais cinco minutos para identificar como se sente: se está satisfeito ou se comeu demais, se está ansioso ou nervoso, e identifique a origem desses sentimentos.

Existe uma expressão em inglês que diz: *Walk the talk*, que seria literalmente "caminhe o que prega" ou, mais figuradamente, "caminhe da maneira que você diz ser a correta".

De uma forma mais caseira de explicar: se você quer ter um cabelo lindo e hidratado, iria a uma cabeleireira cuja cabeça parece uma vassoura de palha? Você pode rir livremente, por favor, não me ache cruel ou irônica – é apenas um exemplo gráfico. Estou tentando fazer com que você entenda que tudo é muito simples, fácil e inerente à nossa essência humana e divina, por isso é lógico. É tão palpável e pragmático quanto o exemplo que acabei de dar – e já esclareço que não tenho nada contra cabeleireiros, e não estou falando de minha cabeleireira nem de ninguém. Até agora você entendeu e se familiarizou bem com a lei de causa e efeito; então, no caso da cabeleireira, se ela promove saber o que fazer para obter um cabelo lindo e hidratado, mas não o tem, é porque não sente esse desejo ou necessidade com o coração; ela só pensa, e como isso só está em seu pensamento, não pode colocar em prática toda a dedicação, trabalho e amor necessários para conseguir aquilo que só nasce de um sentimento forte em seu coração.

Como já disse e repito: isso não é algo difícil de fazer e colocar em prática no nosso dia a dia para viver em abundância. A complexidade é que queremos coisas instantâneas, rápidas, quase imediatas, sem trabalho e sem esforço. Ainda mais, queremos conquistas e resultados diferentes sem mudar. Isso é o mais inusitado.

Se por vinte anos você vai para o trabalho percorrendo o mesmo caminho e toda vez cai em um buraco impossível de evitar, é evidente que da próxima vez, se você não mudar de caminho, vai cair no buraco novamente. O que você deve fazer é:

1. Sentir com o coração que não quer mais cair nesse buraco, então vai escolher outro caminho como alternativa;

2. Pensar no que sente. Quais são as outras alternativas de rota? Com qual delas me identifico melhor e tenho mais chance de sucesso? Qual delas é mais rápida ou mais segura? Etc;

3. E, finalmente, você vai agir e se comportar de maneira coerente com as etapas anteriores. Você vai tomar outro rumo! Caso contrário, terá os mesmos resultados, apesar de concluir as etapas um e dois. Esta é a sagrada trilogia de viver em abundância.

Dessa forma, a mudança que você deseja se manifestará, e isso é válido para todos os tipos de situações, desejos ou emoções. Isso é viver de uma forma coerente, na qual seu sentimento, pensamento e ação estão na mesma energia; isso é estar vibrando alto, vibrando junto com o Universo para evoluir, progredir e contagiar outros com sua vibração alta, colaborando na mudança para um mundo melhor, curando emoções para poder viver com felicidade, aceitando os desafios como um aprendizado de vida e não como um castigo ou algo negativo. É assim que colocamos em prática o dom da cura que tantas vezes ouvimos e sabemos que temos – através da nossa energia. Assim ajudamos a despertar essas mesmas vibrações nos outros e nos curamos juntos.

Capítulo 10

Pratique o que você fala

Sei que parece óbvio e simples, e é. Até agora parecia difícil porque a maioria de nós está longe dessa essência, porque crescemos em uma sociedade que não nos deixa sentir, que tem muito medo de energias e emoções baixas, como tristeza, raiva, inveja. Se queremos chorar quando pequenos, não nos deixam porque nossos pais ficam angustiados ao ver a nossa dor e querem que sejamos fortes. Na escola não nos deixam ir ao banheiro quando temos vontade, porque temos que esperar o recreio; e é com coisas assim que vamos nos distanciando de sentir o nosso corpo, quando na verdade o que mais precisamos é sentir para nos transformar. Energias negativas ou baixas, como ódio, raiva, tristeza, não existem como tal, de forma separada, individual ou independente. Elas são a mesma energia do amor e da felicidade apenas vibrando baixo. Imagine a barra que aparece nos computadores quando você está baixando um programa: à medida que avança, os quadrados aumentam até cem por cento concluído. Essas emoções são as mesmas; quando se está triste é a mesma barra do download do programa no início do processo; quando está perto de cem por cento, isso é felicidade. Mas sempre falamos da mesma energia. É por isso que todos nós conhecemos emoções negativas ou positivas, altas ou baixas. Quem odeia muito tem a capacidade de amar na mesma intensidade – por isso é vital perdoar para começar a transformação e colocar em prática a alquimia da vida.

Sei que provavelmente você deve estar pensando: "Mas é assim que eu faço e não funciona comigo!" No entanto, a verdade é que você tem que ter muito foco e força para que essas três etapas não se contaminem e sejam coerentes – se não sempre, noventa por cento do tempo, ou seja, quase sempre.

Vamos dar um exemplo do que não seria correto, para reforçar ainda mais:

1. Sinto com o coração que quero comer com consciência, porque reconheço que a ansiedade me bloqueia e eu como sem me dar conta, ou sem consciência, e acabo repetindo o prato. Então, você sente em seu coração o desejo de parar com essa situação;

2. Agora vem a parte de pensar na mesma vibração. Você vai e pensa: "não vou conseguir porque já tentei muitas vezes e sempre sinto muita fome, e se eu não comer dois pratos minha cabeça já dói". Não precisamos nem seguir para o terceiro passo porque a vibração alta e coerente já se perdeu.

Outro exemplo de quando perdemos a alta vibração ou coerência no terceiro passo:

1. Sinto com o coração que quero comer com consciência, porque reconheço que a ansiedade me bloqueia e eu como sem me dar conta, ou sem consciência, e acabo repetindo o prato. Então, você sente em seu coração o desejo de parar com essa situação. Igual ao exemplo anterior;

2. Você pensa: "Agora vai dar certo, porque já entendi e aprendi que nosso corpo tem uma capacidade ilimitada de regeneração, minhas papilas gustativas se regeneram a cada quinze dias; então,

as primeiras duas semanas serão um pouco mais desafiadoras, vou querer comer muito carboidrato ou açúcar, mas vou manter o foco e vou estar firme, porque na segunda semana minhas papilas gustativas estarão diferentes e não vou sentir a necessidade dos mesmos gostos ou sabores, e a partir dessa segunda semana será mais fácil porque antes eu não tinha consciência disso. Fico feliz que vou conseguir";

3. Agora, ao agir e viver de forma coerente com o seu "sentir com o coração" e "com o seu pensar", você vai ao supermercado e compra várias coisas saudáveis, mas na saída aproveita uma oferta de sorvete de chocolate com marshmallow e nozes que está por um terço do preço porque vence nos próximos dez dias. Então, você chega em casa e, sentindo-se obrigado a não desperdiçar o que comprou e a oferta que conseguiu, em todo almoço e jantar come uma generosa porção de sorvete para poder acabar com ele antes de dez dias.

Depois desse exemplo, você teve vontade de rir ou chorar? É certo que temos que ver a vida sempre com humor, mas sem sermos cruéis e com compaixão e respeito. Nesse exemplo, perdeu-se o foco, o objetivo que você sentiu e pensou e que se manifestava em suas compras saudáveis e nutritivas perdeu-se; você o trocou ao decidir economizar dinheiro em um pote de sorvete que vencia em dez dias. *Game over*, vai ter que começar tudo do início.

Você viu como é fácil e simples? Memorize a sequência nesta trilogia, analise-a em diferentes circunstâncias até que fique gravada em seu consciente e inconsciente, que vire um hábito, um mecanismo de funcionamento e daqui a pouco você conseguirá colocá-lo em prática. Não se esqueça de fazer esse processo com compaixão, respeitando seu tempo e suas necessidades; não importa o quão longe você vá, desde que vá para a frente e não para trás. Não importa quantas vezes tenha que tentar de novo ou recomeçar, o importante é se permitir uma nova oportunidade.

E chegamos à nossa última receita de psicomagia, que só começará a dar resultado quando os processos anteriores, como o perdão e a liberação da raiva, ocorrerem dentro de você, abrindo espaço para o novo. Amor, gratidão e abundância pintarão seu interior de rosa, permitindo que você viva plenamente.

A psicomagia existe desde sempre, desde o início da vida. Atos de psicomagia são encontrados várias vezes na Bíblia. Deus partiu o pão e o distribuiu entre seus discípulos, representando assim o futuro de seu corpo partido na cruz, e ele também representou seu derramamento de sangue por meio do vinho, e assim por diante em inúmeras vezes na história; a arte da psicomagia existe desde os tempos antigos.

Por que a psicomagia funciona? Porque é inata à nossa essência, nossa capacidade de cura natural, nossa conexão com a natureza, com o divino. Por isso, sinta-se à vontade para criar os atos de psicomagia que julgar necessários para continuar em frente e levar a vida da maneira mais leve e harmoniosa possível. Atos de psicomagia, ou rituais, são muito importantes em nossa vida. Quando você acredita que tudo isso funciona, cria uma conexão mais forte com a magia do Universo. Só peço que entenda a diferença entre psicomagia, ritual e superstição, porque não são a mesma coisa. Nas superstições, normalmente não há fé, mas uma crença muitas vezes desencadeada pelo medo do que virá a acontecer se não obedecermos.

Também peço que entenda que tudo na vida deve ter uma medida certa: se você quiser implementar cinco atos de psicomagia por dia, isso será contraproducente e pode criar uma obsessão. Faça tudo com cautela e consciência na medida certa, lembrando que tudo na vida é simples e fácil. Não precisamos exagerar, temos que estar cientes da vida que levamos, de nossas obrigações sociais e materiais que devemos cumprir para seguir em frente. Faz parte dessa realidade que cabe a nós viver: o segredo está no equilíbrio.

Faço uma pausa antes de começar nosso último ato de psicomagia para lhe contar que, antes de fechar este capítulo final, tive um bloqueio que deve ter me deixado sem escrever por dois meses ou mais. Agora que volto ao livro, vejo que era única e exclusivamente para viver e completar alguns ciclos pessoais que me fizeram entender melhor como funciona a magia da vida e que me trouxeram de volta ao meu caminho com mais ferramentas para que eu pudesse compartilhá-las com vocês e oferecer-lhes um ato final de psicomagia, que encerrará um ciclo com muito amor e abrirá uma porta dourada para receber a felicidade e permitir o nascimento do seu novo ser.

Já falamos de perdão – e você provavelmente já entendeu sua importância e o pratica desde o início do livro. No entanto, acredito que reforçar aqui o poder do perdão com uma meditação maravilhosa seja essencial para garantir o sucesso dessa transformação.

Esclareço que não é de minha autoria. Talvez muitos de vocês conheçam ou tenham ouvido falar, então, apenas deixo claro que compartilho, porque na minha vida tem sido uma ferramenta crucial e maravilhosa. E quando eu achava que já tinha perdoado tudo que tinha para perdoar, estava faltando o perdão mais importante que existe: perdoar a mim mesma por todos os meus erros, por ter permitido me ferir, por ter dito sim quando na verdade queria dizer não, por ter me afastado de meu caminho de vida e propósito.

Este perdão é o mais difícil de conceder. Para mim, ele foi possível por meio da meditação Ho'oponopono; apareceu em minha vida por intermédio de um lindo anjo chileno. Eu a coloco em prática todos os dias, porque esse tipo de perdão nunca acaba; nossa essência humana, este planeta Terra onde viemos aprender e corrigir nossos erros, nos fará errar muitas vezes mais, machucando os outros de forma consciente ou inconsciente. O importante é reconhecer esse ato, pedir perdão e aprender para evoluir cada vez com mais consciência, para que as falhas ocorram com menos frequência e menos intensidade.

Ho'oponopono é um método ou meditação ou ritual de origem havaiana, baseado no fato de que vivemos em um Universo de abundância e de que nossa fonte original quer que desfrutemos de uma vida abundante e perfeita, reconhecendo que o maior impedimento para viver esta vida de uma maneira maravilhosa e plena somos nós mesmos.

Este ritual é mágico: eu o vivenciei em minha própria carne, e é muito simples – o que o torna muito natural e divino. Trata-se simplesmente de repetir o seguinte mantra com consciência e honestidade:

Eu sinto muito.

Por favor me perdoe.

Eu te amo.

Muito obrigado.

Você achou que era simples demais e já começou a berrar essas quatro frases aos quatro ventos!? Bem, sem intenção e honestidade não vai funcionar – então, leve a sério.

É uma ferramenta tão poderosa que esse ritual é indispensável quando uma cura física é necessária; lembre-se de que todas as doenças vêm de um conflito interno ou uma emoção mal administrada. Por meio desse ritual, iremos liberar energias presas que estão produzindo em nós bloqueios de energia, e, curando nossa alma, libertando-a, começaremos a nos libertar de dores e doenças.

O perdão deve ser um hábito de vida, como uma alimentação saudável ou prática de exercícios. É uma escolha de estilo de vida que faz toda a diferença entre uma vida plena e leve e uma vida pesada e infeliz.

Vamos agora fazer nosso último ato de psicomagia no qual colocaremos em prática o uso do Ho'oponopono para ter tudo em sincronia para sua transformação. Sinta como seu casulo de borboleta já começa a lhe incomodar de tal maneira que é inevitável não se desprender dele – ele lhe asfixia, aperta, pinica e até dói. Prepare-se e quebre seu casulo de uma vez por todas para abrir suas asas e viver plenamente, livremente.

A crisálida foi essencial para sua evolução, limitando seus movimentos quando necessário, abafando suas palavras quando não estava apto a falar, protegendo você de predadores, quando não havia forças suficientes... mas sua metamorfose está aqui, comemore e brilhe.

Receita e psicomagia "Sete corações mágicos"

Serve: 1 pessoa
A preparação deve ser consumida inteiramente por uma pessoa, não necessariamente de uma vez, pode demorar até quatro dias.

Objetivo: amor, gratidão e abundância em sua vida

Ingredientes:

7 morangos grandes, bem vermelhos e semelhantes a um coração (Escolha os mais bonitos, os mais parecidos com o seu coração)

200 g de chocolate amargo ou ao leite, derretido em banho-maria (vai depender do tamanho dos morangos, isso pode alterar a quantidade)

1 colher (chá) de manteiga

Utensílios:
Uma bandeja ou prato grande de sua preferência
Panela e recipiente refratário para banho-maria
Um par de palitos
Uma faca
Papel-manteiga

São 7 morangos que vão trazer a magia do amor, da gratidão e da abundância. O 7, por ser o número mais presente em toda filosofia e literatura sagrada, é perfeito e poderoso, como afirmou Pitágoras, matemático e pai da numerologia. Por isso também foram 7 as experiências sensoriais dos alimentos.

Funciona como um portal que abre o caminho do conhecido para o desconhecido – é a combinação do número três com o quatro. O três representa um triângulo, o espírito, o quatro representa um quadrado, a matéria. Assim, o número sete é o espírito na Terra com os quatro elementos, criando o equilíbrio perfeito entre nosso ser e nosso planeta.

Sete são as notas musicais, sete são os arcanjos, sete são as obras de misericórdia de Caravaggio.

Sete são as cores do arco-íris. São necessários sete anos para que todas as células do nosso corpo mudem, sete são as glândulas endócrinas e sete são os chacras e os dias da semana.

No hinduísmo, é o número mais usado. Na Cabala e no judaísmo, representa criação, boa fortuna, bênçãos. Na Bíblia, o número sete é usado mais de oitocentas vezes. O primeiro versículo da Torá contém sete palavras.

Na cultura chinesa, representa a combinação de yin e yang e os cinco elementos (metal, madeira, água, fogo e terra) que trazem harmonia. Existem sete tesouros das escrituras budistas e agora existem sete morangos que abrirão o seu portal de amor, gratidão e abundância.

Preparo:

Lave os 7 morangos e retire a coroa verde com a faca para que a nossa magia fique mais fácil de chegar ao centro do seu coração; deixe-os secar.

Despeje água na panela para o banho-maria e coloque por cima o recipiente onde o chocolate será derretido. Leve ao fogo alto e assim que levantar fervura abaixe o fogo para fogo médio. Coloque o chocolate picado em pedaços e deixe derreter pacientemente, mexendo de vez em quando. Adicione a manteiga e mexa.

Assim que o chocolate estiver derretido, enfie um palito na ponta mais fina do morango para mergulhá-lo no chocolate. Concentre-se no processo e vá deixando os morangos cobertos em pé sobre a bandeja forrada com o papel-manteiga; quando todos os morangos estiverem cobertos, leve a bandeja ao freezer por 7 minutos para o chocolate firmar. Certifique-se de marcar o tempo exato de 7 minutos.

Enquanto você espera esses 7 minutos, anote em um pedaço de papel os 7 atos ou circunstâncias que precisa perdoar ou ser perdoado, aqueles dos quais você se lembrar primeiro, sem pesar a importância ou gravidade. Escreva-os na ordem em que aparecem em sua mente.

No princípio, pode ser que apareçam coisas fortes que o marcaram e você nunca se esqueceu: não se preocupe, não questione, deixe que venham à tona. Agora, se você é uma daquelas pessoas que acredita que não tem sete coisas para perdoar ou ser perdoado, depois dos sete minutos, retire os morangos do freezer, deixe-os na geladeira e sente-se para meditar até que essas sete situações sejam reveladas. Garanto-lhe que depois de se permitir surgirão tantas situações e circunstâncias que essa meditação fará parte da sua vida.

Após anotar as sete situações, escolha um local tranquilo e adequado para realizar a meditação; sente-se da maneira mais confortável para que possa ficar em postura ereta; pode ser no chão ou em uma cadeira, o importante é que as costas não estejam apoiadas, mas sim livres, para permitir a circulação de energia em todos os chacras. Sinta-se à vontade para escolher se essa meditação será feita com os olhos abertos ou fechados.

Para cada morango que comer, peça para perdoar uma situação; coma e saboreie o morango de forma lenta. Observe quanta pressão você deve fazer com os dentes para quebrar a camada dura do chocolate, dessas emoções; saboreie o gosto do perdão para se libertar e pense intensamente nessa situação ou pessoa que merece perdão. Quando já tiver comido todo o morango, repita a meditação Ho'oponopono vinte vezes, devagar e com consciência, sentindo cada palavra com honestidade.

Repita esse procedimento com cada um dos morangos – nem todos precisam ser consumidos no mesmo dia; você pode fazer o ciclo completo de uma vez ou em até quatro dias, reservando os morangos na geladeira. É por isso que você tem uma lista de motivos para perdoar anotados: guarde-a até completar o ritual com os sete morangos.

Permita-se fazer o ritual quantas vezes você julgar necessário, para que possa manter a concentração e a presença no ato. Como eu disse, você pode completar o ritual em três ou quatro vezes, ou todos de uma vez, você escolhe. O importante é que seja sempre feito com consciência e dedicação.

Quando completar as sete meditações, você começará um processo de liberação de todas essas feridas, tristezas e raivas que acreditava não existirem mais, mas que estavam no fundo do seu coração. É natural e provável que você se sinta muito triste e melancólico nos dias ou até mesmo nas semanas seguintes, cada processo é pessoal e diferente. Permita-se sentir tristeza ou o que for que sua mente e corpo pedirem que você sinta. Não entre em pânico, você não está com depressão, é simplesmente uma purificação; aceite o seu processo com calma e lembre-se de que é simplesmente uma chuva forte que logo perderá a intensidade, os dias deixarão de ser nublados e o sol logo chegará radiante, fazendo todo o processo valer a pena.

Você vai se sentir mais leve, em paz, mais livre, mas, acima de tudo, vai descobrir o ser mais maravilhoso, aquele ser que merece ser amado incondicionalmente e tratado com amor infinito, que merece o melhor porque é um ser sagrado, aquele ser que é você; e então nascerá o amor-próprio, o mais importante de todos, o mais cobiçado.

Esse amor-próprio é o canal de luz que vai conectá-lo à fonte universal, permitindo que você aceite e compreenda sua vida cem por cento, descobrindo sua perfeição e beleza.

Esse amor próprio permitirá que você entenda que a misericórdia da fonte é infinita, que tudo que fez parte de sua vida foi perfeito apesar da dor, e que era exatamente o que você precisava para chegar até aqui e revelar o ser maravilhoso que você se permitiu ser aqui e agora. Viva!

Torne a prática do Ho'oponopono uma prece diária ou frequente em sua vida. Ela não precisa ser feita com o ritual dos morangos – este ritual é necessário apenas uma vez para abrir o portal.

Ao final de cada dia, revise seu dia, seus sentimentos, seus pensamentos e antes de escurecer, quando a luz do dia começar a dar lugar à noite, perdoe.

Conclusão

E eles nos disseram tantas vezes que tínhamos o poder de curar, de curar outros, de salvar nosso planeta.

Que tínhamos uma paranormalidade e um instinto mágico que nos conectava com a magia do Universo, cruzando todas as dimensões, até chegarmos à origem do Universo.

Sabíamos que, sendo parte dessa fonte universal ilimitada e misericordiosa, encontraríamos em nossa divindade todas essas sementes para plantar.

Mas não acreditamos na simplicidade da vida, da natureza, da nossa essência, e estudamos os textos mais complexos, participamos dos cursos mais desafiadores e sofisticados para nos reconectar e viver em abundância.

Percorremos longas distâncias para descobrir os segredos da vida, os tesouros mais desejados, esquecendo que tudo isso era inato, que pertenceu ao nosso ser desde o nascimento, que é congênito, que é natural.

E sofremos por muito tempo, em massa, globalmente, lamentando por esta vida neste planeta quando o que precisávamos era simplesmente olhar para dentro.

Bem-vindo de volta, seja feliz.

grupo
novo
século

Compartilhando propósitos e conectando pessoas
Visite nosso site e fique por dentro dos nossos lançamentos:
www.novoseculo.com.br

<ns

f facebook/novoseculoeditora
@novoseculoeditora
@NovoSeculo
novo século editora

gruponovoseculo
.com.br

Edição: 1ª
Fonte: Baskerville